自信がもてる、成長できる！

# 新人保育者が身につけたい社会人基礎スキル

一般社団法人キャリアヘルス研究所

谷口真紀 著

中央法規

# はじめに

　保育所・幼稚園・認定こども園で働くみなさん、これから働く予定のみなさん、本書を手に取っていただきありがとうございます。

　私は、これまで研修とキャリアカウンセリングを通して、多くの保育所にかかわってきました。園長先生や主任、中堅保育者、そして1年目の新人保育者まで、幅広く話を聞くなかで、それぞれの立場や年代における考え方の小さなズレが、職場の人間関係に大きな影響を及ぼしていることがわかってきました。

　あるとき、なかなか職場になじめず、仕事もうまく進められないという新人保育者の面談を担当しました。何度か面談を重ねるうちに、少しずつ彼女の行動は変化し、数か月が経つ頃には、自分から積極的に先輩に声をかけられるようになりました。そのとき、過去の自分を振り返り、次のように話してくれました。

　**「最初の頃は、どんなタイミングで何と言って先輩に話しかければよいのかがわからなかった」**

　職場で誰にも相談できない状態が続いたのは、最初のひと声が出せなかったことが大きな理由だったのです。

　新人研修の会場では、「敬語に自信がないので主任や保護者の前でうまく話せない」「どこまで質問してよいのかがわからないから、結局、聞けずにいる」という声もありました。

　仕事において求められる言葉づかいや態度、考え方は、学生時代とは異なります。したがって、民間企業や官公庁、自治体などでは、数日から数十日という長い期間を費やして新人研修を行います。時間をかけて社会人としての知識やスキルを身につけ、ようやく仕事をスタートするのです。一方、保育業界では、様々な理由から長い時間をかけて新人研修を実施するのは難しいのが現状です。

社会人としての基礎力が不十分なまま仕事をすると、上司や先輩、保護者とのコミュニケーションに自信がもてず、様々な誤解が生じることもあり、本来の保育の仕事ではないところで行き詰まってしまいます。

　本書は、保育業界で働くすべての人を対象とした、社会人としての基礎スキル（社会人基礎力）を学ぶためのテキストです。保育者（保育士・幼稚園教諭・栄養士・調理師・看護師・保育事務など、保育にかかわるすべての職員）が社会人としての基本を短期間で効率よく身につけることができるよう、様々な仕事の進め方について、よくある事例やワークを用いて解説していきます。

　子どもが大好きで、子どもにかかわる仕事をしたいという夢を叶えたみなさん。保育の仕事は、20年後、30年後の未来をつくる仕事です。本書がそのようなみなさんの一助になれば、大変うれしく思います。

2023年6月

一般社団法人キャリアヘルス研究所

谷口真紀

---

## 本書の活用のヒント！

| | |
|---|---|
| その1 | 新人保育者が、社会人としての基礎スキルを身につけるために！ |
| その2 | 保育所・幼稚園・認定こども園等での新人研修、園内研修のテキストに！ |
| その3 | 保育士・幼稚園教諭等の養成校における実習前の参考書として！ |

はじめに

\チームで/
\働く力/

前に踏み
出す力

考え抜く力

# 第 1 章

# 保育者に求められる「社会人基礎力」

# ① 仕事における基本のスキル

　「社会人基礎力」は、すべての業種・職種の人に求められる共通ルールです。社会人基礎力が身につくと、職場で上手に人間関係が築けるようになります。

　「考え方が似ている人とは気が合うし、話もはずむ」というのは、これまでの人生でみなさんも経験したことがあると思います。社会人になってすぐに、社会人としての共通ルールを身につけることで、考え方、態度、行動が、職場の先輩たちに近づきます。共通の考え方や行動をする人同士では、誤解が生じることも少なく、コミュニケーションもスムーズに展開します。その結果、職場での人間関係を上手に築くことができるようになります。

　保育の仕事はチームで行います。したがって新人保育者は、社会人基礎力を身につけ、実践することで仲間の信頼を得ることにより、社会人としてのスタートラインに立つことができます。また、保育の仕事においては、保護者との関係も大切です。保護者にとって保育者は、「子育ての頼れるパートナー」です。保護者と保育者は密にコミュニケーションをとり、信頼関係を築きながら保育を進めていきます。保護者とのコミュニケーションにおいても、社会人基礎力が求められます。

　保育の現場では、保育士以外にも看護師、栄養士、調理師、保育補助、事務など、多職種の人が連携しながら園を運営しています。一人ひとりのスキルがどんなに高くても、職員同士の連携がとれていなければ、ミスやクレームが多くなり、ケガや事故が起こりやすくなってしまいます。そして、こういった非常時の対応に追われ、保育が後回しになるという悪循環に陥ってしまいます。保育の質の高い組織は、このようなミスやクレー

ム、ケガや事故が少ない組織でもあります。

　一方で、ミスをしない人はいません。特に、新人にミスはつきものですが、社会人基礎力を身につけると、自然と周囲の人が助けてくれるようになるので、ミスの影響を最小限に抑えることができます。

# 2 「社会人基礎力」とは

　社会人基礎力は、図1に示すように、「前に踏み出す力（アクション）」「考え抜く力（シンキング）」「チームで働く力（チームワーク）」の3つの大きな力で構成されています。

## 図1 社会人基礎力

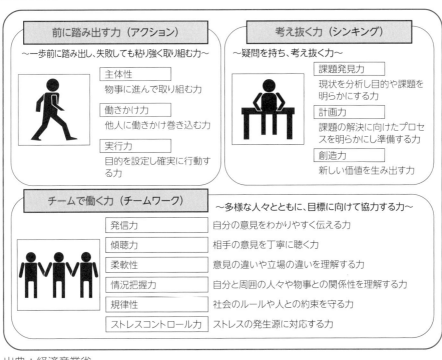

前に踏み出す力（アクション）
〜一歩前に踏み出し、失敗しても粘り強く取り組む力〜

主体性
物事に進んで取り組む力

働きかけ力
他人に働きかけ巻き込む力

実行力
目的を設定し確実に行動する力

考え抜く力（シンキング）
〜疑問を持ち、考え抜く力〜

課題発見力
現状を分析し目的や課題を明らかにする力

計画力
課題の解決に向けたプロセスを明らかにし準備する力

創造力
新しい価値を生み出す力

チームで働く力（チームワーク）
〜多様な人々とともに、目標に向けて協力する力〜

| | |
|---|---|
| 発信力 | 自分の意見をわかりやすく伝える力 |
| 傾聴力 | 相手の意見を丁寧に聴く力 |
| 柔軟性 | 意見の違いや立場の違いを理解する力 |
| 情況把握力 | 自分と周囲の人々や物事との関係性を理解する力 |
| 規律性 | 社会のルールや人との約束を守る力 |
| ストレスコントロール力 | ストレスの発生源に対応する力 |

出典：経済産業省

「前に踏み出す力」と「考え抜く力」は、個人で高めていくことができる力です。「前に踏み出す力」は、自分が行動していくことで身につきます。また、「考え抜く力」は、自分自身の行動を振り返り、自分の内面について深く見つめることで、自分の行動を進化させます。

　一方で、「チームで働く力」は、個人で高めることはできません。これは、組織のなかで様々な人と接することで身につけていく力です。

　図2には、成長とともに身につけたい力を示しました。いちばん上に「保育の専門スキル」があり、その土台となるのが「社会人基礎力」です。この土台がしっかりしていると、保育の専門スキルも安定して伸びていきます。反対に、社会人基礎力が身についていなければ、どんなに専門性の高いスキルを身につけても、周囲の協力は得られず、職員間の連携もうまくいかないので、保育の質の向上にはつながらないといえます。

　社会人基礎力の下には、「①知識及び技能、②思考力、判断力、表現力など、③学びに向かう力、人間性など」があります。これらの項目は小・中・高校の学習指導要領に記載されており、学校教育のなかで身につける

**図2　成長とともに身につけたい力**

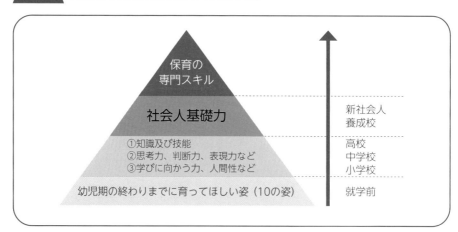

力です。そして、そのさらに下の土台としてあるのが、保育所保育指針や幼稚園教育要領、幼保連携型認定こども園教育・保育要領に記載されている「幼児期の終わりまでに育ってほしい姿」（10の姿）です。ここで学ぶ「社会人基礎力」も含め、すべての学びはつながっていることがわかると思います。

# 3 「社会人基礎力」と保育所保育指針

　2018（平成30）年４月に施行された、新しい保育所保育指針では、小学校との連携をより意識して「幼児期の終わりまでに育ってほしい姿」（10の姿）（表１）が追加されました。これが、小学校以降の義務教育における学びの土台になります。

　子どもは、子ども同士や保育者とのかかわりから「非認知能力」を養い、「10の姿」を身につけていきます。保育者は、子どもにとって保護者の次に身近な大人であり、「あこがれの人」です。新人が先輩の行動をみて真似をするように、子どももまた、身近な大人である保育者同士や保育者と保護者とのコミュニケーションを観察するなかで、多くを学んでいます。

　「10の姿」と「社会人基礎力」には多くの共通点がみられます。

　保育の仕事を志したみなさんは、「子どもが好き」「子どもにかかわる仕事がしたい」という想いをもっていることと思います。それは保育の仕事への適性でもあります。保育の仕事は、誰にでもできる仕事ではなく、子どもへの強い想いをもつみなさんだからこそできる仕事です。

　保育者一人ひとりのふるまいが、子どもの成長に影響を与えていることを忘れず、まずは社会人としての基本を身につけていきましょう。

表1 **幼児期の終わりまでに育ってほしい姿（10の姿）**

| | |
|---|---|
| 健康な心と体 | 保育所の生活の中で、充実感をもって自分のやりたいことに向かって心と体を十分に働かせ、見通しをもって行動し、自ら健康で安全な生活をつくり出すようになる。 |
| 自立心 | 身近な環境に主体的に関わり様々な活動を楽しむ中で、しなければならないことを自覚し、自分の力で行うために考えたり、工夫したりしながら、諦めずにやり遂げることで達成感を味わい、自信をもって行動するようになる。 |
| 協同性 | 友達と関わる中で、互いの思いや考えなどを共有し、共通の目的の実現に向けて、考えたり、工夫したり、協力したりし、充実感をもってやり遂げるようになる。 |
| 道徳性・規範意識の芽生え | 友達と様々な体験を重ねる中で、してよいことや悪いことが分かり、自分の行動を振り返ったり、友達の気持ちに共感したりし、相手の立場に立って行動するようになる。また、きまりを守る必要性が分かり、自分の気持ちを調整し、友達と折り合いを付けながら、きまりをつくったり、守ったりするようになる。 |
| 社会生活との関わり | 家族を大切にしようとする気持ちをもつとともに、地域の身近な人と触れ合う中で、人との様々な関わり方に気付き、相手の気持ちを考えて関わり、自分が役に立つ喜びを感じ、地域に親しみをもつようになる。また、保育所内外の様々な環境に関わる中で、遊びや生活に必要な情報を取り入れ、情報に基づき判断したり、情報を伝え合ったり、活用したりするなど、情報を役立てながら活動するようになるとともに、公共の施設を大切に利用するなどして、社会とのつながりなどを意識するようになる。 |
| 思考力の芽生え | 身近な事象に積極的に関わる中で、物の性質や仕組みなどを感じ取ったり、気付いたりし、考えたり、予想したり、工夫したりするなど、多様な関わりを楽しむようになる。また、友達の様々な考えに触れる中で、自分と異なる考えがあることに気付き、自ら判断したり、考え直したりするなど、新しい考えを生み出す喜びを味わいながら、自分の考えをよりよいものにするようになる。 |
| 自然との関わり・生命尊重 | 自然に触れて感動する体験を通して、自然の変化などを感じ取り、好奇心や探究心をもって考え言葉などで表現しながら、身近な事象への関心が高まるとともに、自然への愛情や畏敬の念をもつようになる。また、身近な動植物に心を動かされる中で、生命の不思議さや尊さに気付き、身近な動植物への接し方を考え、命あるものとしていたわり、大切にする気持ちをもって関わるようになる。 |
| 数量や図形、標識や文字などへの関心・感覚 | 遊びや生活の中で、数量や図形、標識や文字などに親しむ体験を重ねたり、標識や文字の役割に気付いたりし、自らの必要感に基づきこれらを活用し、興味や関心、感覚をもつようになる。 |
| 言葉による伝え合い | 保育士等や友達と心を通わせる中で、絵本や物語などに親しみながら、豊かな言葉や表現を身に付け、経験したことや考えたことなどを言葉で伝えたり、相手の話を注意して聞いたりし、言葉による伝え合いを楽しむようになる。 |
| 豊かな感性と表現 | 心を動かす出来事などに触れ感性を働かせる中で、様々な素材の特徴や表現の仕方などに気付き、感じたことや考えたことを自分で表現したり、友達同士で表現する過程を楽しんだりし、表現する喜びを味わい、意欲をもつようになる。 |

出典：保育所保育指針（平成29年告示）

**信頼関係は「あいさつ」から始まる**

　あいさつは、社会人の基本です。あいさつをおろそかにしてしまうと、その後も信頼関係を築くことが難しくなります。あいさつをしない人は「社会人としての常識がない人」とみなされてしまうほど、あいさつは重要です。社会人の基本であるあいさつを、最初にマスターしておきましょう。

　第一印象は3秒で決まるといわれます。毎朝、職場の先輩、上司、保護者と気持ちのよいあいさつをするだけで、よい関係を築く土台ができます。あいさつのポイントは、次の3つです。

---

① 相手の目を見て
② 笑顔で
③ 丁寧に

---

　何かをしながらではなく、いったん動作を止めてからあいさつをすると、丁寧な印象を与えます。あいさつとセットで「お辞儀」についても確認しておきましょう。お辞儀は3種類あります（表2）。

　お辞儀のポイントは、まず、背筋を伸ばして姿勢よく立つことです。保育中は子どもを優先しますが、事務室に来客があった場合や訪問先では、座ったままではなく、必ず立ってあいさつをするようにしましょう。また、敬礼・最敬礼は、言葉を言い終えてから、お辞儀をします。言葉と動作を分けることで、キビキビとした印象を相手に与えます。

　あいさつや敬語、お辞儀の動作は、毎日使ったり、行ったりすることで身につきます。日々実践して、自然にできるようになることをめざしましょう。

| | 会 釈<br>（えしゃく） | 敬礼 | 最敬礼 |
|---|---|---|---|
| 表2 お辞儀の種類と場面 | | | |

**表2** お辞儀の種類と場面

| | 会 釈 | 敬礼 | 最敬礼 |
|---|---|---|---|
| 角度 | 15度 | 30度 | 45度 |
| 場面 | ・人とすれ違うとき<br>・軽くあいさつするとき<br>　　など | ・一般的なお辞儀<br>・保護者や来客に対応するとき　など | ・深い感謝<br>・お詫び<br>・面接時の最初と最後のあいさつ　など |

ありがとうございました　　　→　　ペコリ

## 豆知識　敬語の基本

| | 尊敬語 | 謙譲語 |
|---|---|---|
| 来る | いらっしゃる、おいでになる | 伺う、参る |
| 使い方 | Aくんの保護者が、明日、面談にいらっしゃいます。 | 私がそちらへ伺います（参ります）。 |
| 言う・話す | おっしゃる | 申す、申し上げる |
| 使い方 | Aくんの保護者が、そうおっしゃっています。 | 私の母が、そう申しておりました。 |
| 食べる | 召し上がる | いただく |
| 使い方 | （お客様に）どうぞ召し上がってください。 | おいしくいただきます。 |

チームで
働く力

第 **2** 章

# 仕事をスムーズに進める
# 発信力

# 1 保育者に必要な「発信力」とは

　発信力は、「社会人基礎力」の「チームで働く力」の１つです。「チームで働く力」はどれも大切ですが、なかでも「発信力」は、新人に最も身につけてほしい力といえます。

　発信力が低い人は、チームメンバーから「何を考えているのかわからない」と思われてしまい、仲間と協力し合うことが難しくなります。また、保護者からもなかなか信頼を得ることができません。発信力は、「社会人基礎力」では「自分の意見をわかりやすく伝える力」と定義されていますが、意見だけでなく、事実をそのまま伝える「報告」も含まれます。

　**発信力は、自分から報告・連絡・相談をする力**です。特に保育の現場においては、情報を正しく、タイミングよく伝えて、チームで保育を行うことが求められています。仲間との情報共有がスムーズにできれば、１人で抱える仕事が減り、先輩もサポートしやすくなり、結果的に仕事のミスも減っていきます。

### 図3　発信力が高い人と低い人

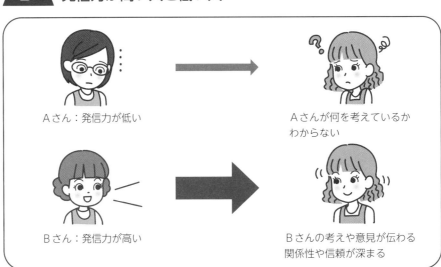

Aさん：発信力が低い

Aさんが何を考えているかわからない

Bさん：発信力が高い

Bさんの考えや意見が伝わる
関係性や信頼が深まる

# ② 「発信力」を身につける方法

## 1 まずは、相手の都合を確認する

　「先輩はいつも忙しそうなので、何と声をかけたらよいのかわからない」という声をよく聞きますが、まずは「いま、1分だけお時間よろしいでしょうか」と、相手の都合を確認することが大切です。このときに、目安となる時間を一緒に伝えることがポイントとなります。伝える内容によって「1分」「2、3分」「5分」「10分」と変わりますが、相手の時間を使うことになるので、「どのくらいの時間が必要か」を最初に伝えましょう。そうすることで、相手も聞く姿勢になってくれます。

　保育の現場では、子どもから目が離せないため、相手も忙しく、なかなか時間がとれないこともあるでしょう。そのような場合でも、あらかじめどのくらいの時間が必要なのかを伝えておくことで、「10分くらいなら、今日のお昼休みの後に時間をとりますね」など、時間を設定してもらいやすくなります。

## 2 緊急時には、迷わず「緊急です！」と伝える

　子どもは予測のつかない動きをするものです。何かあったときには、すぐに声をかけ合う必要があります。また、子どものことだけでなく、保護者からの緊急の連絡やいつもと違う緊急事態では、「いま、お時間2、3分よろしいでしょうか」などと悠長なことを言ってはいられません。そのようなときは、相手が忙しそうであっても「緊急です！」と、はっきり伝えましょう。

　自分から発信することは勇気が必要ですが、子どもの安全のためには、

第**2**章
仕事をスムーズに進める【発信力】

すばやく発信ができるようになる必要があります。ふだんから笑顔やあいさつを欠かさず、職場の仲間同士で、常に声をかけ合う関係性を保つようにしましょう。

### クッション言葉

　クッション言葉とは、文字通りクッションのように刺激を和らげる言葉です。先輩に声をかけるときや保護者に何かお願いをするとき、電話をかけるときにも使えます。ぜひ使ってみてください。

「お忙しいところすみません」
「お手数をおかけしますが」「恐れ入りますが」
「もしよろしければ」「ご迷惑でなければ」
「恐縮ですが」など

　このような言葉がさっと出てくるように、ふだんから使って慣れておきましょう。

### 新人保育者 あるある

「先輩に迷惑をかけてはいけないと思って、相談せずにやってしまいました」

忙しそうだから
聞くのはやめておこう…

「迷惑をかけてはいけないと思って……」というのは、社会人経験の浅い人からの相談でよく聞くフレーズです。周囲に迷惑をかけないように気にかけているように思えますが、この言葉の奥には別の感情もあります。

それは、「そんなことも知らないのかとあきれられるのではないか」「仕事ができない人と思われたくない」「こんなことを聞いたら怒られるんじゃないか」という不安や恐怖心です。

迷惑をかけないようにという心がけは大事ですが、何よりも優先すべきは「子どもの安全と利益」です。相談せずに仕事を進めてしまうと、後で大事に至る可能性もあります。子どものために、勇気を出して相談できるようになりましょう。

\ワンポイント/
\アドバイス/

> 先輩や上司への報告、連絡、相談は、「迷惑」ではなく、業務の一部です。

## 3 報告上手になろう

仕事のなかで報告が必要なタイミングを整理してみましょう。

● ミスをしたとき
● 指示された仕事が終わったとき
● 保育のなかで気づいたこと、いつもと違うことがあったとき
● 保護者からの連絡、要望があったとき
● 保護者にいつもと違う様子がみられたとき
● 以前に相談したことが解決したとき
● 自分の仕事が間に合いそうにないとき
● 順調に進んでいる自分の仕事の途中経過を知らせるとき

自分で判断できることが少ない新人のうちは、こんなに多くのことを報告しなければなりません。報告が多い人は、それだけ先輩や上司とのコミュニケーションの機会も多いので、信頼されやすくなります。一方で、報告が少ない人は、なかなか信頼関係を築くことができません。仕事が順調なときも経過報告は必要ですが、よいことばかりではなく、ミスや困りごとなどの報告や相談もきちんと行うことが信頼関係につながります。事実をありのままに報告することが大切です。

　仕事の合間に、短時間でわかりやすい報告ができるようになるポイントは、次の2つです。

> ① 結論・まとめから述べる
> ② 事実を5W1Hで伝える

　結論・まとめから述べるとは、例えば、「○○について報告があります」「以前、相談したAくんの件ですが、結論は○○でした」というように、まず結論やまとめを述べてから、理由や経過を伝える方法です。
　事実を5W1Hで伝えるとは、いつ・いつまでに（When）、どこで（Where）、誰が（Who）、何を（What）、なぜ（Why）、どのように（How）を明確に伝えることです。5W1Hの6つの情報すべてを常に含める必要はありませんが、この6つを意識して話をすると、伝達もれを防ぐことができます。報告の際に情報が不足すると、勘違いや誤解が生じやすくなります。また、**報告では、自分の感情や推測は含めず、事実を中心に伝える**ようにしましょう。

\ワンポイント／
\アドバイス／

> 報告量は信頼量です。よいこともそうでないことも、こまめに報告をすることで信頼関係を築くことができます。

豆知識

## ５Ｗ２Ｈ?!

　５Ｗ１Ｈに、もう１つＨ「How many（いくつ）」を加えて、「５Ｗ２Ｈ」で報告することもあります。これらをメモしてから報告することもおすすめです。

- When：いつ（いつまでに）
- Who／Whom：誰が／誰に
- Why：なぜ・何のために（目的）
- How many：いくつ
- Where：どこで
- What：何を
- How：どのように

## 4 相談上手になろう

・・・・・・・・・・・・・・・・・・・・・・・・・・・・・・・・

　チーム内に相談できる人が多いほど、仕事はしやすくなります。相談をする際には、事実だけでなく自分の感情や推測も含めて先輩や上司に話をします。このとき、何を相談したいのかをあらかじめメモしておくとよいでしょう。メモすることで、自分の頭のなかを整理できるという効果があります。また、メモを見ながら相談することで本題から外れにくくなり、貴重な時間を無駄にせずに済みます。一度、自分で考えてから相談すると相談の内容が具体的になり、相談にのる人も一緒に考えやすくなります。

ワンポイント
アドバイス

相談するときは、あらかじめ内容をメモしておきましょう。

# 「発信力」実践トレーニング

ここでは、新人保育者に求められる発信力について、特に指示の内容に疑問がある場合を考えてみます。詳細は、自分の園に応じて設定してください。

**事例** 連絡帳を書くのは誰の仕事？

先週の職員会議で、さくら組の連絡帳は、主担任のA先生が書くことが決まりました。ところが、週明けの月曜日、A先生が副担任のB先生に「ちょっと忙しいので、この5人分の連絡帳をお願いします」と言いました。B先生は、A先生の指示に従い5人分の連絡帳を書きましたが、A先生は、翌日もまた5人分の連絡帳を残したまま、「あと、お願いしますね」とB先生に言いました。

## あなたがB先生だとしたら、どのような対応をしますか？

会議で決まったことと、先輩の指示が異なっている事例です。5人分の連絡帳の記入くらいなら、自分が頑張れば済むことだと考えてしまいがちですが、そもそも、なぜ職員会議で話し合い、A先生が書くことが決まったのでしょうか。わざわざ会議で話し合い、決定するに至った理由があるはずです。会議での決定事項は、現場の判断で変えてよいものではありません。

情報の行き違いや勘違いなどは起こり得ることです。したがって、当事者であるB先生がこの状況に対応しなければなりません。ここでは、対応するにあたっての考え方を解説します。

①反論をせず、指示に従って5人分の連絡帳を書く

この場合は、次のような問題点が考えられます。

> ① 組織のルール（決定事項）に反する
> ② ルールに反していることを理解できていない
> ③ ルールに反していることはわかっているが、先輩に相談できない関係である

会議で決まったことは組織のルールです。あなたがB先生だったら、指示された時点ですぐにルールに反しているということに気づくでしょうか。先輩に言われたことを何でもその通りに実行しようとするのは、危険です。ルールに沿っていないことに気がつけるように、日頃から園の方針やルールを意識して仕事ができるようにしましょう（「規律性」第6章、「課題発見力」第11章参照）。

また、その場で疑問を伝えることができず、やむを得ず指示に従ってしまう人もいるでしょう。しかし、決まった手順通りに行わなければ、危険が生じる仕事もあります。指示されたことに対して疑問がある場合は、きちんと発信できるようになることが求められます。A先生に直接言えない場合は、別の人に相談する方法もあります（「情況判断力」第5章参照）。

②「それはA先生のお仕事です」と伝えて、断る

この場合、確かに正しいことを伝えていますが、強い言葉で否定すると相手に不快感を与えてしまい、信頼関係を築くのに時間がかかってしまう可能性があります。正しいことを伝えるのは大事ですが、伝えるうえでの柔軟性を身につける必要があります（「傾聴力」第3章、「柔軟性」第4章参照）。

17

この事例での好ましい対応例を4つ挙げてみます。

### ①代替案を出す

「A先生、忙しいのですか。連絡帳は職員会議で決まったことなので書くことはできませんが、ほかの仕事は手伝います」

「一緒に書く内容を考えることはできますが、書くのはやっぱりA先生でないと……」など。

### ②会議の内容を確認するように促す

「職員会議で、連絡帳の担当のことを園長先生がおっしゃっていましたよね」など。

### ③やんわりと断る

「私もいま、手一杯なので、今日はちょっと連絡帳を書くことは難しいです」など。

### ④"非公式"に上の人に相談する

言われた通りに5人分の連絡帳は書きますが、別の先輩や主任など信頼できる人に相談してみましょう。ただし、A先生に配慮して、仕事以外の場で相談相手に声をかけるようにします。

「主任、いま10分ほどお時間よろしいでしょうか。連絡帳の担当の件で相談にのっていただきたいのですが」と、声をかけてみましょう。

相談内容のメモを作成し、あなたならこの状況をどのように説明するか、練習してみましょう。

## 新人保育者に求められる「発信力」のまとめ

仕事の悩みは、家族や友だちに相談するのもよいですが、同じ職場の人のほうが内情もよくわかっており、共感してもらいやすいでしょう。仕事の行き帰りや休憩時間などにこのような相談ができる人を増やしていけるとよいですね。相談できる人が多いほど、仕事はスムーズに進みます。

チームで
働く力

第 **3** 章

# 信頼関係を築く
# 傾聴力

# ① 保育者に必要な「傾聴力」とは

「社会人基礎力」の「チームで働く力」の２つ目は、傾聴力です。「傾聴」というとカウンセリングのようなイメージを抱く人も多いと思いますが、本来は「謹んで耳を傾ける」という意味の言葉で、「社会人基礎力」では「相手の意見を丁寧に聴く力」と定義されています。

新人保育者に求められる「傾聴力」は、**情報を正しく聴き取る力**です。この力が必要とされるのは、主に次の２つの場面です。

> ① 先輩からの指示・指導を受けるとき
> ② 保護者から要望や困りごとを聴くとき

どちらの場合も、**話の内容を丁寧に聴き、正確に理解しなければなりません。**情報を聴きもらしたり、少ない情報で勝手に判断して仕事を進めてしまうことがないように気をつけましょう。

# ② 情報を正しく聴き取るための「傾聴力」

情報を正しく聴き取るためのポイントは、次の３つです。

> ① メモをとる
> ② ５Ｗ１Ｈで質問する
> ③ 復唱する

# 1 メモをとる

　ポケットに入るサイズのメモとペンは常に身につけておきましょう。最初のうちは、先輩や上司、保護者の話は、必ずメモをとりながら聴くことを習慣にしましょう。ただし、個人情報保護の観点から、個人名の記載方法やメモ帳の管理方法は職場によって異なります。必ず職場のルールを確認しましょう。

　メモは、丁寧な文章で書くのではなく、必要な情報のキーワードをさっと記録するのがポイントです。

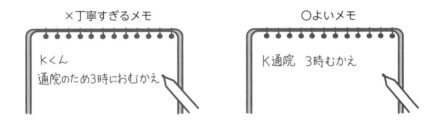

　特に「申し送り」や「伝達事項」を中心に記録します。物の場所や動作の手順などは、メモをして覚えるのではなく、身体で覚えたほうがよい場合もあります。

　また、安全面からペンを持ち歩くことを認めていない職場や、保育中のメモが難しい場合もあります。そのような場合は、室内の子どもの手の届かない場所や休憩時にすぐ手にとれる場所にメモ帳やペンを置いておくなど、時間をあけずに記録できるよう心がけましょう。

　一度聞いただけですべての情報を記憶することは不可能です。何度も同じことを質問しないためにも、メモを残したり、場合によっては写真に残すなどの工夫をしましょう。

## 2 ５Ｗ１Ｈで質問する

第２章の「発信力」でも紹介しましたが、５Ｗ１Ｈとは次の情報のことです。How many（いくつ）を加えて、５Ｗ２Ｈということもあります。

- When：いつ（いつまでに）
- Who／Whom：誰が／誰に
- Why：なぜ・何のために（目的）
- Where：どこで
- What：何を
- How：どのように

先輩から仕事の指示を受けるときは、先輩に「いつまででしょうか」「いくつ準備しますか」「どのようなものにすればよいですか」など、確認しながら仕事の全体像を把握します。最初の指示だけでは情報が不十分なこともあります。**足りない情報は、自分から質問しましょう。**仕事を始めたばかりの頃は、先輩は必要な情報をすべてそろえて、指示を出してくれるでしょう。しかし先輩は、新人のあなたがどこまで理解しているのかを完全に把握しているわけではありません。互いの理解にズレが生じることを防ぐためには、指示を受ける人が丁寧に質問して、確認することが大切です。常に５Ｗ１Ｈのすべての項目を確認する必要はありませんが、話を聴くときにこの項目を意識するだけで、情報の聴きもらしが減ります。

５Ｗ１Ｈで質問することには、もう１つの効果があります。それは、指示をする先輩も、質問されることで改めて仕事の期限や段取りを考えたり、見直したりできることです。つまり、後輩からの質問によって先輩の仕事の質が向上することになるのです。傾聴力は、質問する力（質問力）も含んだスキルといえます。

＼ワンポイント／
アドバイス

> 先輩からの指示で情報量が足りないときは、必ず自分から質問しましょう。

## 3 復唱する

・・・・・・・・・・・・・・・・・・・・・・・・・・・・・・・・・・・・・・・・・・・

　「復唱」は、話を最後まで聴いた後に互いに理解が一致しているかどう
かを確認する作業です。「明後日までに、工作用のガムテープを3個です
ね」のように、期限、数、場所などをすべて確認します。最後に確認する
だけで、仕事のもれがなくなり、効率がアップします。

### 新人保育者 あるある

「大丈夫です」（たぶん、何とかなるよね……）

　「大丈夫」は、とても便利な言葉です。日常会話でもよく使われます。
ただ、この返事だけでは、一体何が大丈夫なのか伝わりません。ほかに
も、「いいんじゃない」や「そんな感じで」などの**曖昧な言葉は要注意**で
す。重要な指示や申し送りでは、曖昧な言葉は避け、必要な情報は1つず
つ確認しましょう。

　例えば、先輩から「これも倉庫に持って行ってくれる？」と頼まれたと
き、単に「大丈夫です」と返事をするより、「倉庫のいちばん上の棚です
よね。大丈夫です」と情報を付け加えて返事をすると、先輩も安心して任
せられます。

傾聴力を身につけるための３つのポイント（①メモをとる、②５Ｗ１Ｈで質問する、③復唱する）は、保護者に対応する場面でも同じように活かされます。登園時や降園時に保護者から要望が伝えられたときは、メモを手に取り、丁寧に質問をしながら聴くように心がけましょう。最後に、確認のためにメモの内容を読み上げ、「主任に伝えて、明日までにお返事します」などと伝えることで、保護者も安心し、信頼感も高まります。

## 豆知識　仕事の指示を受けたときの対応

Ｑ：ほかに急ぎの仕事を抱えている場合はどうしたらよいですか？

Ａ：優先順位も相談しましょう。

　　例）「〇〇の仕事があるため、来週にはできると思うのですがいかがでしょうか」

　　　　「〇〇の仕事もあるのですが、どちらを優先したらよいでしょうか」

Ｑ：途中でわからないこと、不安なことがでてきたらどうしたらよいですか？

Ａ：勝手に判断したり１人で抱えて対応が遅くなったりするのを避けるため、早めに相談しましょう。

　　例）「すみません、いま２、３分お時間よろしいでしょうか」

# 3 相手の心情も含めて聴く方法

　「情報を正しく聴き取る力」が身についてきたら、もう少し踏み込んだ「深い傾聴」を意識しましょう。これは、**相手が伝えたいことを心情も含めて丁寧に引き出す力**です。特に、保護者からの相談や不満（クレーム）への対応の場面で必要とされます。また、後輩ができたら、後輩の相談にのるときにも必要となる力です。周りから信頼され、頼られる保育者になるために、いまから少しずつ意識しておきましょう。

### 新人保育者 あるある

　新人保育者のB先生は、お迎えに来たAくんの保護者に、いつものように今日の様子を伝えたところ、Aくんの保護者は困ったような表情で、「うちの子は、給食を残さず食べていますか。家では野菜を全部残してしまうんですよね……」と言いました。B先生が「Aくんは、保育園では野菜もよく食べていますよ」と伝えると、「そうですか。なぜ家では食べてくれないんだろう……」とAくんの保護者はつぶやくように言いました。B先生は何と言ってよいのかわからず、会話はそこで終わってしまいました。その後、Aくんの保護者からその話題は出てきません。安心してもらおうという気持ちから、園での様子を伝えたのですが、これでよかったのかとB先生は不安を感じています。

保護者の話から、Ａくんは、家では野菜を全部残してしまうということはわかりました。そして、新人保育者のＢ先生は、園でのＡくんの様子をそのまま伝えています。新人としての対応は、これで問題ありません。このようなやり取りがあったことを、先輩や上司に報告し、共有しておきましょう。

　保育者が経験を積み、保護者との信頼関係を築くことができて、情報を正確に聴き取ることができるようになってきたときには、さらにもう一歩踏み込み、保護者の伝えたいことや心情も含めて話を聴く「深い傾聴」が求められます。

## 1　話を最後まで聴く

・・・・・・・・・・・・・・・・・・・・・・・・・・・・・・・・・・

　保護者が困りごとを話し始めたときは、まずは保護者が**相談したいことを最後まで話してもらう**ように促します。この事例では、「家では、野菜を全部残してしまうのですね。家での食事はどのような様子ですか」など、話しやすいように言葉をかけます。保護者の相談に対して、**その場ですぐに解決する必要はありません**。保護者は、まず話を聴いてほしいと思っています。したがって、話を最後まで聴くことを意識しましょう。自分だけでは対応しきれないと判断したら、「後で主任との時間をとりましょうか」などと尋ね、先輩や上司に対応を依頼します。

## 2　事実と感情を分けて聴く

・・・・・・・・・・・・・・・・・・・・・・・・・・・・・・・・・・

　話を聴くときは、「内容」を聴くと同時に、相手の「感情」にも耳を傾けましょう。感情は、話の内容よりも、声の大きさ、速さ、トーン、そして表情やしぐさなど、非言語表現から感じ取る部分が大半です。事例では「困ったような表情」とありますが、うつむき加減、険しい表情、小さな

声などのサインがあったことが想像できます。

　困りごとに対応する前に、まずはこのような非言語表現から保護者の感情を理解し、その感情に寄り添う言葉をかけてみましょう。

> ● 心配そうな様子であれば、「心配ですよね」
> ● 困っているような様子であれば、「お困りですよね」
> ● 大変な思いをしている様子であれば、「それは大変でしたね」
> ● 一生懸命な様子であれば、「頑張っていますね」　など

　このように、保護者の**表情やしぐさなどから把握した感情をそのまま言葉にして伝える**ことで、保護者は「自分の気持ちをわかってくれた」と安心し、さらに自分から話をしてくれるようになります。Ａくんの保護者は、Ａくんの食事以外にも育児に関する不安があるのかもしれません。例えば、野菜を食べないことで、Ａくんの健康に不安があることや、自分の育児に自信がもてなくなっていることも考えられます。そのような不安を保育者が少しでも受け止めることができれば、保護者は安心し、信頼感がより高まります。

　その場ですぐに解決しようとせず、まずは保護者の不安に寄り添うことを意識しましょう。


　保護者からの不満（クレーム）に対応する場面では、相手は険しい表情や腕組みをしていたり、大きな声や早口で話していたりと、怒りのサインがみられます。このような場合も、「不快な思いをさせてしまい申し訳ありません」「ご不便をおかけして申し訳ありません」などと、まずは怒りの感情への対応を意識しましょう。最初に感情を傾聴し、その後、不満を感じている事柄について対処していきます。

| 表3 | 深い傾聴のポイント |
|---|---|

① 相手が話しやすくなるように、「どのような様子ですか」「もう少し詳しく教えていただけますか」などと問いかけて、話を促す。

② 「お困りですね」「心配ですね」「頑張っていますね」「不快な思いをさせてしまい申し訳ありません」など、相手の感情を理解し、感情に対応した言葉をかける。

③ アドバイスや解決策をすぐに伝える必要はない。1人で対応できない場合は、先輩や上司に相談する。

**豆知識**

## メラビアンの法則

コミュニケーションに影響を与える重要度は、

- ・視覚情報（見た目、表情、しぐさ、視線など）：55％
- ・聴覚情報（声のトーン、大きさ、速さなど）：38％
- ・言語情報（話の内容）：7％

といわれています。1971年にアメリカの心理学者メラビアンが発表しました。例えば、怒った表情で「怒ってないよ」とぶっきらぼうに言ったとき、それを見たほとんどの人は「怒っている」と判断します。また、おどおどしながら「大丈夫です」と言われても、「本当に大丈夫かな」と不安になります。人は、話の内容よりも、表情やしぐさ、声の大きさやトーンなどの非言語表現を重視してコミュニケーションをとっているのです。

　保育者は、子どもの非言語表現を観察して保育をしています。実は、日頃からこの「メラビアンの法則」を活用しているのです。

# 4 「傾聴力」実践トレーニング

　ここでは、新人保育者に求められる傾聴力について、特に指示の聞き取り方を中心に考えてみます。詳細は、自分の園の状況に応じて設定してください。任された仕事の内容を正確に理解して、ミスなく実行できるようになりましょう。

---

**事例**　資料のコピーを頼まれた！

---

　夕方、担当クラスの保育が終わり、事務仕事のために事務室に入りました。そのとき、主任から来月の遠足の資料を3枚渡され、「人数分コピーしておいてくれませんか」と言われました。明日は、職員会議があります。

### この場面で、あなたは主任にどのような返事をしますか？　主任に確認すべき内容を考えてみましょう。

　主任は、「人数分のコピー」を依頼していますが、細かい内容は伝えていません。したがって、主任の指示について、もう少し確認する必要があります。あなたはいくつ質問を考えることができましたか。

「明日の職員会議で使うものですか」：目的

「○人分でよいでしょうか」：数

「両面コピーで２枚ですか。片面コピーで３枚ですか」：方法

「左上をホチキスで止めてもよいですか」：方法

「いつまでに準備しますか」：期限

「（明日の会議で使う場合は）職員会議の開始時間までに会議室に置いておけばよいでしょうか」：場所

　このように、何かを任されたときには、確認してから作業に取りかかりましょう。途中で不明な点が出てきたときは、曖昧なまま進めずに先輩や上司に相談することが大切です。後でやり直したり、再度確認することは、余計な仕事になります。できるだけ指示を受けたときに、必要な事項をすべて確認できるようになりましょう。

## 新人保育者に求められる「傾聴力」のまとめ

　指示を受ける際には、情報を正しく把握することが大切です。そのためには、①メモをとる、②５Ｗ１Ｈで質問する、③復唱することを忘れないようにしましょう。

　また、保護者からの相談を受ける際には、相手の心情も含めて丁寧に話を聴きましょう。そのためには、最後まで話を聴き、事実と感情を分けて理解するようにします。最初に「感情」をしっかりと傾聴してから、困りごとの「事実」に対応しましょう。

チームで
働く力

第 **4** 章

# 指導や意見の違いを受け入れる
# 柔軟性

# 1 保育者に必要な「柔軟性」とは

　「柔軟性」は、1つの出来事を複数の視点から考える力です。「社会人基礎力」では、「意見の違いや立場の違いを理解する力」と定義されています。職員間で考えや意見が異なる場合は、先輩の立場であればどう考えるか、園長の立場であればどう考えるかと、相手の立場に立って考えます。また、保護者と話をする際も、想像力をはたらかせて、保護者の立場に立って理解する姿勢が求められます。

　仕事でもプライベートでも、様々な経験を重ねることで考え方や視野が広がり、柔軟性が身につき、仕事にもよい影響を及ぼします。

# 2 「柔軟性」が求められる場面

　新人保育者が柔軟性を求められる場面は、大きく2つあります。1つは先輩や上司から指導を受けたときで、もう1つは自分と異なる考え方の人と一緒に物事を進めていくときです。それぞれ事例を用いて考えてみましょう。

## 1 先輩や上司から指導を受けたとき

　新人の間は、仕事を学ぶ時期です。先輩や上司から仕事の手順を教わり、指導を受けます。その際に素直に受け入れることができれば、信頼され、仕事もスムーズに進むようになります。

## 新人保育者あるある

　新人保育者のA先生は、制服として貸与されているエプロンのすそがほつれていることに気づいていました。ほかにも自分と同じようにエプロンのすそがほつれている先生がいたのであまり気にしていませんでしたが、今日、主任から「すそがほつれているから明日までに直してきて」と言われました。「B先生のエプロンもほつれていましたよ」と伝えたところ、「いまはあなたのことを言っているんです！」と怒られてしまいました。A先生は、「本当のことを言っただけなのに……」と、もやもやしています。

明日までに
直してきて！

　指導を受けた際の対応で、印象を悪くしてしまった事例です。A先生は、事実を伝えただけなのになぜ怒られたのかわからず困惑していますが、主任にとっては、自分の指導に対する反発のように聞こえたのかもしれません。立場によって言葉の受け取り方が変わります。ふだんから自分が相手の立場だったらどう感じるのかを考えてコミュニケーションをとるように意識しましょう。

　先輩職員から「困った新人」として「まず言い訳をする人」という例をよく聞きます。先輩や上司は、新人に早く仕事を覚えて一人前になってほ

しいという期待があります。そのため、小さなことでも気づいたら伝えなければならない立場です。ところが、柔軟性が身についていない新人は、この指導を素直に受け入れることができず、反射的に自分の考えを主張してしまいます。自分の考えがあって行ったことだとしても、先輩や上司からの指導について、まずは受け入れられるような柔軟な姿勢が求められます。先輩や上司が指導のために多くの時間を割いてくれるのは、新人のうちだけです。指導に対しては、謙虚に対応することを心がけましょう。

　この事例では、主任の指導を受け入れたことが相手に伝わるように返答をすることが大切です。最初に「はい、わかりました」と返事をしたうえで、「そういえば、Ｂ先生のエプロンも……」と伝えるなど、指導する主任の立場も考えた対応が大切です。

＼ワンポイント／
　アドバイス

> 指導や指摘を受けたら、「わかりました」「すみません」など、素直に受け入れたことが伝わる返事をしましょう。

## 2 先輩の考えがわからないとき

・・・・・・・・・・・・・・・・・・・・・・・・・・・・・・・・・・・・・・・・・

　子どもへの接し方には、その人の「保育観」が表れます。各園には、それぞれの理念に沿った保育の方法があります。新人の間は、園の保育の方法を学ぶ時期ですが、先輩の指導の内容から仕事の目的まで、１回言われただけでは理解できないこともよくあります。そのようなとき、新人保育者はどのように考え、また、どのように質問したらよいでしょうか。

## 新人保育者 あるある

　新人保育者のＣ先生は、外遊びから戻り、給食の時間の前に汚れた衣服を着替えさせるため、数人の子どもの着替えを補助していました。そのとき、先輩のＤ先生から、「Ｅくんは、いま自分でやろうとしているから、そんなに手を貸さないで」と言われました。つい先日までは、保育者がＥくんの着替えを手伝っていました。Ｃ先生は慌てて手を止めて、ズボンをＥくんの前に置きました。すると、Ｅくんは自分でゆっくりと足を入れて着替え始めました。

　Ｃ先生は、これまでは給食に間に合うことをいちばんに考えて行動してきたので、これまでと違う対応をしなくてはいけないことに混乱し、どこまで着替えを手伝ったらよいのかわからなくなってしまいました。

　どこまで見守り、どこからかかわるべきなのか……。この「見守り」と「かかわり」の加減にこそ、園の保育理念や保育者の保育観が表れます。したがって、Ｃ先生と同じように悩む新人保育者も多いでしょう。

　この事例では、Ｃ先生は言われた通りに見守ることができましたが、急にかかわり方を変えるように言われて、混乱しています。今後、子どもの成長とともに、Ｅくんのときのように「見守る」対応に変えていく場面は増えていくと思われます。

仕事において、先輩から指導を受けてもすぐに理解できないときは、後からでも時間をとってもらい、詳しく教えてもらうことが大切です。このような場合は「後で、10分ほどお時間いただけませんか。着替えのときのかかわり方について、確認したいことがあります」と声をかけ、「見守り」と「かかわり」の考え方を確認しましょう。また、見守りを増やしつつも給食の時間を意識することについて、どのように進めたらよいのか、具体的な方法を教えてもらいましょう。

　先輩や上司からのひと言で、「自分のやり方は合っているのか？」と不安に思うこともあると思います。言われた通りに行動しても、急に変更になることもあります。このようなとき、新人は仕事を学ぶ立場であることをふまえ、変更になった理由を確認し、わからないことは教えてもらうことが大切です。

　相談の際は、指導を受け入れる姿勢を忘れず、そのうえで、わからないことや自分なりに考えていることを伝えましょう。

> 「今日、Eくんがズボンをはくときに、手を貸さないで見守るようにと教えていただきました。これからもそういう子どもが増えてくると思うのですが、今後のために、「見守り」と「かかわり」の考え方について、また、給食の時間に遅れそうなときはどうすればよいのか、教えてください」

　「自分も相手も間違っていない。立場が異なり、考え方が異なるだけである」と柔軟に考えてみましょう。まず、**相手の考えを自分なりに理解してから自分の考えを伝える**という順序を意識することで、互いを尊重し合う関係を築くことができます。

# ③ 「柔軟性」実践トレーニング

　ここでは、保護者への対応の際に起こり得る事例を用いて、柔軟性を活かす方法を考えてみます。事例の保護者像は、自由に設定してかまいません。また、身近な保護者や、過去に対応に苦慮した保護者などをイメージして、それぞれの対応を検討してみましょう。

## 事 例　様々な不満や要望を言う保護者への対応

　「連絡事項の内容がわかりにくい」「運動会の進行について不満がある」「発表会での子どもの配役を変えてほしい」など、様々な不満や要望を頻繁に伝えてくる保護者がいます。子育てに熱心な保護者ですが、迎えの時間が近づくと、新人保育者のF先生は、今日もまた何か言われるのではないかと気になって落ち着きません。

　案の定、今日は、「昨日、持ち帰った服に固まった泥がついていて、洗うのが大変でした。泥は落としてから袋に入れてください」と言われました。昨日は雨上がりだったので、外遊びのときにズボンに泥がついていた子どもはたくさんいました。1人だけ特別扱いはできないので、いつものように「すみません」と頭を下げて何とかやり過ごしました。この保護者は、ほかの先生には言わず、F先生にだけ言っているようです。この保護者に対するF先生のストレスは、日々大きくなっています。

**あなたがF先生だったら、どのように対応しますか？**

この事例の保護者は、子どものことや園に対して自分なりの考えがあり、頻繁に伝えてくれていますが、新人保育者のＦ先生にだけ伝えているようです。もしかしたら、Ｆ先生のことを「話しやすい人」だと思っているのかもしれません。しかし、Ｆ先生はどのように答えたらよいのかわからず、負担になってきています。

　このような場合、次のような対応策が考えられます。

## ①対応を交替してもらう

　先輩や上司にあらかじめ相談し、その保護者の対応を交替してもらえるように準備しておきます。大きなストレスを感じているのであれば、その保護者との接触を避けることも１つの方法です。

## ②不快な思いをさせてしまったことを謝罪し、後で上司に報告する

　対応を交替してもらえる人がいない場合は、まず相手の意見を聴きます。そのうえで「ご不便をおかけして申し訳ありません」「不快な思いをさせてしまい申し訳ありません」と、不便をかけたこと、不快な思いをさせてしまったことに対して謝罪をします。指摘されたことが園のミスかどうかが明確になっていない時点では、それに対する謝罪はしません。つまり、この場合は「泥を落とさずに袋に入れたこと」については園のルールなので、ここで謝罪はしません。

　先輩や上司に、このようなやり取りがあったという事実を報告し、対応を相談します。

## ③相手の意見を受け入れつつ、自分の意見も伝える

　仕事に慣れて、園の方針を自分の言葉で伝えられるようになったら、相手の意見を受け入れつつ、自分の意見も伝えるようになることをめざします。

②の通り、まずは相手の意見を最後まで丁寧に聴き、「ご不便をおかけして申し訳ありません」と、保護者の気持ちをいったん受け入れます。その後、例えば「水洗いをして泥を落とすことまでは、園ではやらないことになっています」と伝えます。

園の方針をきっぱりと伝えられるようになることは、すぐには難しいかもしれませんが、中堅の職員には必要とされるスキルです。保護者と対等な協力関係を築くには、相手を尊重するだけでなく、自分の考えも尊重し、率直に伝えられるようになることが大切です。

## 新人保育者に求められる「柔軟性」のまとめ

柔軟性とは、相手の考えや立場を理解しようという姿勢をもちつつ、自分の考えや立場も大切にする力です。共通の保育理念のもとで仕事をする仲間であっても、その理念に向かう道筋が異なることはよくあります。そのようなときも、相手の考えや立場を理解しようという姿勢で、互いの意見をすり合わせながらコミュニケーションをとることが大切です。

保護者や子どもに対しても同様です。一人ひとりが異なる存在であるからこそ、考え方も多様です。柔軟性を身につけることは、自分の考え方の幅を広げることにもつながります。

第4章 指導や意見の違いを受け入れる【柔軟性】

# 柔軟な場づくり：保育のなかでのファシリテーション

　「さくら組さんは、トイレに行って外に出ましょう」「さぁ、みんなでお片づけをしましょう」。これらはやさしい言葉ではありますが、同時に「好き勝手な行動は許しませんよ」という意味も含んでいます。ほとんどの保育者は、意識せずに「やさしい口調で一斉に子どもたちを動かそうとする言葉」を使っています。

　それぞれの家庭では「〇〇ちゃん」と名前で呼ばれていた子どもが、入園した途端にクラス名や「みんな」という言葉でひとくくりにされ、やさしい口調ではありますが、指示に従うことを求められます。入園当初はこのことにとまどう子どもも多くみられますが、やがてこの状況も「当たり前」のこととして受け止められているのが保育の現場でもあります。

　1人の保育者が担当する子どもの数は多いため、一斉保育をせずに保育を展開することが難しいのも事実です。それでも一人ひとりを大切にする保育を心がけている園では、環境構成を工夫して、子どもたちの多様性に応えようと取り組んでいます。

　その1つの方法が、ファシリテーションという技術の導入です。ファシリテーションは、会議や活動がスムーズに進行するように中立的な立場で支援する技法です。なかでもいちばん大切にされているのが、**安心して参加できる場づくり**です。例えば、話し合う場面では先生が前に立って話すのではなく、輪になって互いの顔が見えるように話をします。すると、互いの表情がわかるので、話しやすくなります。このように、子どもにとって園が安心して生活できる場となるようにかかわる工夫が、ファシリテーション技法です。安心して生活できるようになると、子どもはやってみようという気持ちが芽生え、失敗することを恐れず、のびのびと育つことができます。

安心して生活できる場づくりのポイントは次の4点です。

①　話しやすいこと
②　挑戦できること
③　助け合うこと
④　多様性を受け入れること

　話しやすくするには、保育者は教えることを控え、聞き役に徹します。挑戦できるようにするには、子どもを信じて任せることです。助け合う関係性をつくるには、ルールを押しつけたり批判したりすることを控えなければなりません。そして多様性を受け入れるには、常識にとらわれずに柔軟に対応することが大切です。これからの保育は、一人ひとりの多様性を認め合える関係性をつくっていくことが最も重要になるのではないでしょうか。

（圓藤弘典）

チームで
働く力

第 **5** 章

組織や周囲の
人との関係性を理解する
# 情況把握力

# 1 保育者に必要な「情況把握力」とは

　情況把握力は、「社会人基礎力」では「自分と周囲の人々や物事との関係性を理解する力」と定義されています。これをわかりやすく2つに分けると、次のようになります。

---

① 仕事において、いま何をすべきか優先順位をつける力
② 組織のなかでの関係性を理解し、自分が報告・相談すべき人と適切なタイミングを把握する力

---

　職員が数十名程度の小さな組織では、日常的に、ほぼ全職員とかかわることになるでしょう。保育の現場では、子どもと直接かかわる以外にも、週案・月案作成などの事務仕事、活動の準備、行事の企画から掃除まで、幅広い仕事をこなしていきます。情況把握力は、このようにいくつもの仕事を周囲の人と協力して進めるときに何を優先するのか、困ったときや迷ったときに誰に相談したらよいのかを判断する力です。

　「情況把握力」について、「状況」ではなく「情況」と表記しているのは、物理的なことだけでなく、かかわる人の気持ちも理解するという意味が含まれています。まずは自分の仕事を把握し、それができるようになったら、ほかの人の仕事内容にも関心を向け、園全体の仕事の流れとかかわる人の情況を理解することを意識しましょう。

# 2 「情況把握力」を身につける方法

## 1 仕事の優先順位をつける

いくつかの仕事が重なってくると、何を優先したらよいのかわからなくなり、気持ちに余裕がなくなってきます。まずは、優先順位をつけることから１日の仕事を始めましょう。

### 新人保育者あるある

Ａ先生は新人保育者です。毎日、たくさん仕事が残っているのですが、園長は「早く帰りましょう」と言います。そうはいっても仕事はあるし、ほかの職員も残っているので、結局、毎日遅くまで仕事をしています。

仕事が終わっていないのに「早く帰りましょう」と園長から言われ、どうすればよいのか困っている新人保育者の事例です。「仕事をすべて終わらせなくてはならない」と考えると、早く帰ることはできない毎日です。

慣れないうちは仕事の効率も悪く、時間がかかってしまうこともありますが、毎日遅くまで残らなければ仕事が終わらないという場合は、仕事の

手順や優先順位を見直す必要があります。まずは自分の仕事をすべて書き出してみましょう。毎日の決まった仕事以外は、**期限も一緒に書き出しましょう**。期限を書くことで優先順位がわかりやすくなります。期限が決まっていない仕事は、自分で期限を決めましょう。期限を決めなければ、いつまでもその仕事を抱えていることになり、仕事が次々に溜まっていきます。また、「いつまでにやります」と宣言することで、優先順位がつけやすくなります。

　漠然と「仕事がたくさんある」と思っていても、書き出してみると、いま何をすればよいのかがわかり、頭のなかも整理できます。

**表4　やることリストの例（期限のあるもの）**

| やること | 期限 |
|---|---|
| 11月のおたより | 10/25にＢ先生に見せる<br>10/29までに修正をして提出 |
| ６人分の個別指導計画 | 10/30 |
| 発表会の衣装の確認 | 11/5 |
| 写真の整理 | 11/10 |

　自分で優先順位がつけられない場合は、作成したリストを見せながら先輩や上司に相談し、仕事の手順や優先順位を確認しましょう。場合によっては、その仕事をするための時間をくださいとお願いすることもあります。「みんな忙しいのに、自分の仕事のための時間をもらう相談なんて……」と迷うかもしれませんが、このような相談は、今後も必ず必要になります。いまのうちからできるようになっておきましょう。

　また、リストアップをせずに「仕事が多くて終わりません」と相談することは避けましょう。必ずメモや「やることリスト」を準備してから相談します。めざすのは、自分に任された仕事を期限内に終わらせて、少しで

も早く帰ることができるようになることです。仕事の優先順位をつけ、効率よく動くためには、ときに人を頼ることも大切です。情況把握力には、**先輩や上司に上手に相談しながら仕事を進める力**も含まれます。

　みんなが残っているから自分も遅くまで残らなくてはいけないと考えるのではなく、自分なりに工夫し、効率よく仕事ができるようになりましょう。

ワンポイント
アドバイス

> 仕事が重なり混乱してきたら、期限とともにやるべきことをすべて書き出してみましょう。

## 2 自分の判断できる範囲を知る

　仕事のなかで、自分が決めてよいのか、先輩に聞くべきなのか判断に迷うときはありませんか。情況把握力は、この判断ができるようになる力です。この力は、経験とともに身についていきます。

### 新人保育者あるある

　迎えのときに、Cくんの保護者から「明日、できれば10時に登園したいのですが」と言われたので、新人保育者のD先生は「わかりました」と返事をしました。遅れて登園する子どもはほかにもいるので、D先生は問題ないと判断しましたが、翌朝、先輩に伝えると「午前の活動もあるので、園としては、やむを得ない理由があるとき以外は、9時半までには登園するように伝えることになっています。次からはきちんと理由を聞いてください」と注意されてしまいました。

きちんと理由を
聞いてください。

　このくらいであれば自分が答えても大丈夫だろうと判断したところ、園
の方針と異なる対応をしていたという事例です。保護者から質問された
り、要望を伝えられたりすることはよくあります。少しでも不安や疑問が
あれば、すぐに返事をしないことが大切です。曖昧な返事をすると、子ど
もにも影響を及ぼしかねません。「少しお待ちいただけますか。確認して
きます」と伝え、先輩や上司に確認してから返事をしましょう。

　この事例のように、自分一人の判断で園の方針と異なる対応をした場
合、その日は特に影響がなかったとしても、後日、同じ申し出があったと
きに、別の職員が「異なる対応」をすることになります。これでは保護者
も混乱してしまいます。対応が職員によって異なると、保護者と園との信
頼関係にも影響を与えてしまうかもしれません。

　このように、自分の判断で対応してもよい範囲を把握することも、情況
把握力に含まれます。

＼ワンポイント／
　アドバイス

> 保護者への返答で少しでも迷ったときは、すぐに返事をせず
> 「確認してからお返事します」と伝えましょう。

# 3 「裁量」と「責任」

　園では、園長、主任、担任といった立場に応じた仕事がありますが、具体的に誰がどのような仕事をするのかが明確に分かれているとは限りません。ここでは、それぞれの立場において判断する際の考え方について説明します。

　組織の全体像を考える際の基準になるのが、「保育理念・保育方針」です。園では、園長以下の全職員が、この理念や方針に従って行動します。この大枠のなかに、それぞれの立場に応じた「裁量」があります。裁量とは、自分の責任で自由に決定できる仕事の範囲のことをいいます。自分の裁量を超えるかどうかは、**その結果として生じることに責任をもてるかどうか**で判断します。自分では責任をもつことができないと判断した場合は、先輩や上司に相談して、指示を仰ぎます。自分の裁量を超える仕事を報告や相談なしに行った場合、その結果として起きた問題には、自分で対応しなければなりません。

　自分で対応できる仕事が増えるにしたがい、判断できる事柄も増え、先

## 図4　職場における立場と裁量の範囲

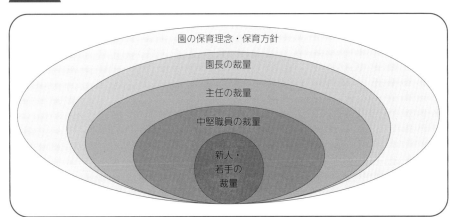

園の保育理念・保育方針
園長の裁量
主任の裁量
中堅職員の裁量
新人・
若手の
裁量

輩や上司に聞くことも少なくなっていきます。保育者としてめざすのは、自分で判断できる幅を増やし、「この人に聞けば大丈夫」と、先輩や上司、保護者から信頼されるようになることです。自分で判断できることが増えると、仕事もよりスムーズに進められるようになります。

**豆知識**

## SNSとの上手な付き合い方

Instagram、Twitter、TikTokなどのSNSは、いまや生活の一部ですが、利用に際しては仕事とプライベートをきちんと分けて考える必要があります。

インターネットは公の空間です。そこで発信した内容は、保護者や園の関係者が見る可能性もあります。問題になるような内容が含まれていないかどうか、慎重に判断しましょう。園によっては利用方針を定めている場合もあります。しっかり確認して利用しましょう。

# 3 「情況把握力」実践トレーニング

　情況把握力は、**周囲の状況や周りの人の気持ちも推し量りながら、自分のとるべき行動を判断する力**です。情況把握力をどのように発揮すればよいのかを、先に述べた裁量と責任に基づいて考えてみましょう。園でよくみられる事例を取り上げていますが、詳細は、自分の園の状況に応じて設定してください。

**事例** 保護者への対応が職員によって異なる！

　Ｅくんのお母さんは、いつも18時過ぎに迎えに来ます。しかし、園に申請している勤務時間は17時までで、通勤時間は30分です。どうやら毎日、買い物をしてから迎えに来ているようで、駐輪場に置かれた自転車のカゴからはいつも、買い物バッグが見えています。

　このようなＥくんのお母さんへの対応は、実は同じクラスの担任の間で異なっています。主担任のＦ先生は、Ｅくんのお母さんに気をつかって何も言いません。副担任のＧ先生は「17時半がお迎えの時間のはずですよね。毎日、18時を過ぎるのはちょっと……」と、ときどき伝えています。Ｆ先生とＧ先生は、互いの対応が異なっていることに気づいてはいるようです。

　あなたは３人目の担任で、明日は１人でＥくんのお母さんに対応しなければなりません。Ｆ先生、Ｇ先生と３人で相談する時間はとれません。あなたはどのように行動しますか？

これは、情況把握力の「②組織のなかでの関係性を理解し、自分が報告・相談すべき人と適切なタイミングを把握する力」の事例です。まず優先すべきは、園の方針を確認することですが、誰に、どのように確認するのかがポイントになります。

　最もよい対応は、クラス担任3人が全員そろった場で、「明日は私がEくんのお母さんに対応しますが、またお迎えの時間が遅かったときはどのように対応すればよいでしょうか」と尋ねることです。

　ここでは、何らかの理由で3人がそろった場で確認することができない場合の対応についても考えてみましょう。


## ①複数の職員がいる場で問いかける

　ミーティングや朝礼など、F先生、G先生以外の職員が複数いる場で、「このような状況なのですが、どう対応すればよいのかわからず、困っています」と問いかけます。ほかにも職員がいる場ですので、園の方針をその場にいる全員が確認することができ、園全体の保育の質の向上にもつながります。


## ②F先生、G先生以外の先輩または上司に相談する

　3人がそろう時間がとれない場合や、どちらに聞けばよいのかわからないという場合は、F先生、G先生以外の先輩または上司に、①と同じように「どう対応すればよいのかわからず、困っています」と相談します。F先生やG先生を批判することにならないように注意し、**自分が困っているということを中心に話をしましょう。**批判にならないように伝えるには、「私はどうすればよいかわかりません」「私はこう考えるのですが」と、「私」を主語にして話します。「F先生がこう言っていたから……」「G先生がこうしていたので……」と、F先生やG先生の言動を強調した話し方をすると、批判していると誤解されてしまう可能性があります。

また、このようなときに誰に相談するかは、とても重要です。「発信力」
（第2章）でも述べていますが、困ったときにすぐに相談できる人がいる
ことが大切です。教育係やメンター制度など、園の方針として相談役が決
まっている場合もあります。そのような制度がない場合は、ふだんから自
分から積極的に話しかけ、コミュニケーションをとり、「頼れる人」を見
つけておくとよいでしょう。

---

### 新人保育者に求められる「情況把握力」のまとめ

　情況把握力が身につき、仕事の流れと人のかかわりが理解できるようにな
ると、仕事の優先順位をつけられるようになり、自分で判断できる仕事が増
えていきます。
　仕事のなかで意見の相違を感じたら、まずは園の方針を確認しましょう。
そのうえで、先輩や上司に相談をしながら、園の一員として自分がとるべき
行動を確認していきましょう。

**豆知識**

### 上座と下座

お客様を応接室や会議室に迎えるとき、どの席に案内したらよいのか迷うことはありませんか。

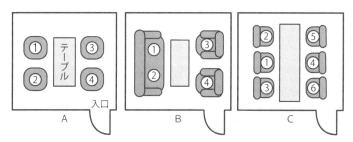

立場がいちばん上の人を「上座」に案内します。上座は、入口から最も遠い席です。図A、図Bでは①の位置が上座になります。３席が並んだ図Cでは、入口から遠い側の中央①が上座です。

通常は、訪問した人がお客様として、上座につきます。迎える人は、入口に近い席に座ります。入口に最も近い席が「下座」になります。

チームで
働く力

第 **6** 章

# 保育の質を高める
# 規律性

# 1 保育者に必要な「規律性」とは

　規律とは、ルールやマニュアル、決められた手順などのことです。手順書やマニュアルといった形になっているものもあれば、「常識」や「社会通念」といわれる暗黙のルールもあります。「社会人基礎力」では、規律性は「社会のルールや人との約束を守る力」と定義されています。

　規律を守ることは、社会人としての基本中の基本です。決められたルールを守るのは当たり前のことですが、周囲の人から指摘されなかったり、誰も見ていなかったりすると、「これくらいはよいだろう」「自分の考えのほうがこの状況にはふさわしい」などと、つい勝手に変更してしまいそうになります。

　しかし、園における重大事故の多くは、一人ひとりがルールをきちんと守らないことが重なった結果、起こります。規則や手順が決められているのには、必ず理由があります。まずは規則に従って、決められた仕事ができるようになることをめざしましょう。

　時間の管理もまた、規律性に含まれます。社会人は時間を守ることも大切です。急な病欠や遅刻が重なると、職場の人からの信頼を失いかねません。休日にはしっかりと休み、勤務に影響が出ないように心身を整えましょう。自己管理は社会人としての重要なスキルです。規律の「律」は、自分自身を律するという意味もあります。社会人としては、規律を守ると同時に自分自身を律することが求められます。

# 2 「規律性」を身につける方法

## 1 あいさつや礼儀、マナーの重要性を理解する

　規律が守られている園かどうかは、職員の様子を見るとよくわかります。職員のあいさつや礼儀、マナーをはじめ、園内が整理整頓されているか、掃除が行き届いているか、掲示物が更新されているかなど、保育とは直接関係のない部分からも見ることができます。厳しい規則でも、そうでなくても、組織の決まりは全員が従うものです。

　社会人としてあいさつをしたり、マナーや規律を守ることは、新人保育者に対しても当然、求められます。したがって、１人でも規則や手順を守らない職員がいれば、それだけで保護者からは「規則を守らない人を黙認するいい加減な組織」だと思われてしまい、園全体の信頼を失いかねません。

　規律を守らない人が多い組織では、自分勝手に仕事をする人が多くなり、その結果、責任の所在が曖昧になり、仕事の押し付け合いや責任のなすりつけ合いなどが起こりやすくなります。そしてそれが、人間関係の悪化にもつながります。

　一方で、職員一人ひとりが規律を守っている組織では、ミスや事故が少なく、クレームもめったにありません。そのため、職員は安心して働くことができ、保育に専念しやすく、働きやすい職場であるといえます。規律性の高さは、保育の質の高さにつながるとても重要な要素です。

ワンポイント
アドバイス

> 「少しくらい期限を過ぎてもよいだろう」「自分だけなら大丈夫」という考えは禁物です。

## 身だしなみ

　身だしなみが整っていると、第一印象もよくなります。身だしなみを整える目的は、「信頼される人物」になることです。

　服装や身だしなみについては、園によって決まりがあるので、まずは園の決まりを確認しましょう。どのような服装でも大切なのは「清潔感」です。服の汚れが目立ったり、髪がボサボサだったりすると、保護者からの信頼を得にくくなります。通勤時も地域の人や保護者の目がありますので、気を抜かないようにしましょう。園は「仕事をする場」です。仕事にふさわしい身だしなみかどうかを考えてみましょう。

## 2 ルールに忠実に従う

　仕事の内容や手順は最初に先輩や上司が教えてくれますが、教えてもらった通りにしていても、判断に迷うことはあります。また、うっかりして間違えてしまうこともあります。そのようなときは、どうすればよいでしょうか。

### 新人保育者あるある

　Ａくんは外遊びのとき指先に小さなケガをしましたが、新人保育者のＢ先生は、お迎えのときにＡくんの保護者に伝えるのを忘れてしまいました。後で、伝え忘れていたことに気づきましたが、とても小さな傷だったので「まぁ、大丈夫かな」と思い、誰にも報告しませんでした。

　翌朝、Ａくんの保護者から主任にクレームが伝えられ、Ｂ先生は主任から報告しなかったことについて注意されてしまいました。

　すり傷、切り傷などの小さなケガは、子どもの発達において避けることはできません。園と保護者との間で、子どもの発達とケガについての共通の認識があり、信頼関係があれば大きな問題にはならないでしょう。ただし、入園したばかりの子どもの保護者や、はじめての子育てに不安を感じている保護者には、丁寧に対応することが大切です。この事例では、まだＡくんの保護者と信頼関係がしっかりと築けていなかったのかもしれません。

　「このくらいなら大丈夫かな」「少しくらいよいだろう」という考えは、大きなミスにつながる可能性もあります。この事例の場合は、Ａくんが小さなケガをした時点で、またはそのケガを見つけた時点で、すぐに先輩や上司に報告します。また、保護者に伝え忘れたと気づいたときに先輩や上司に報告・相談をしていれば、どうすればよいのかをアドバイスしてくれたでしょう。その日のうちに電話で連絡するなど、その後の対応次第で、園と保護者からの信頼を失うことは避けられるのです。**ルールやマニュアルにはできるだけ忠実に従う**ことが、社会人の基本です。

　一方で、ミスをすることは誰にでもあります。大事なのは、ミスに気づいた後の行動です。「このくらいなら大丈夫」と自分だけで判断しないようにしましょう。

　保育の現場においてルールや手順を守らないことは、子どもの命にかかわる重大な事故につながりかねません。特に安全に関するルールは、最優

先事項です。規律を守ることは、子どもたちの命を守ることにつながることを常に意識しましょう。

## 3 組織の一員として働きやすい環境づくりを意識する

・・・・・・・・・・・・・・・・・・・・・・・・・・・・・・・・・・・・

「情況把握力」（第5章）でも述べていますが、日々の保育では保育理念や保育方針を職員全員が共有し、それに沿って保育を行います。この保育理念・保育方針のほかに、働くうえでの規則として「就業規則」があります。勤務時間や休日など、勤務の基本規則が定められており、とても重要なものです。どの園でも職員が閲覧できるようになっていますので、一度は確認しておきましょう。

働きやすい環境を整えることは管理職の仕事ですが、気持ちよく働ける環境の実現には、すべての職員に責任があります。働き方に疑問や不安がある場合は、上司に時間をとってもらい、相談しましょう。その際には、自分も園の一員であり、園をより働きやすい場にし、子どもたちのためによい保育を実践したいという意識をしっかりもって伝えることが大切です。

## 豆知識 「週休二日制」「完全週休二日制」「変形労働制」

　休日に関する規則については、意外と知らない人も多いのではないでしょうか。自分の職場が、どのような制度を採用しているのかを確認しておきましょう。

①週休二日制：１か月のうち１回以上、週２日の休みがある制度

②完全週休二日制：毎週２日の休みがある制度

③変形労働制：月単位・週単位で、勤務時間が平均して週に40時間になるように調整する制度

　「土曜日に出勤しても代休がない」という園は、「週休二日制」または「変形労働制」を採用している可能性があります。就業規則に「完全週休二日制」とあれば、毎週２日の休みが基本になりますが、「週休二日制」の場合は、休みが１日しかない週もあります。労働基準法では、毎週少なくとも１回、または４週間に最低４日の休日を与えなければならない旨を規定しており、これが最低基準となります。

　保育の職場はシフト制で複雑な勤務体制になっていますが、有給休暇の取り方や雇用条件についてわからないことがあれば、就業規則などで確認しておきましょう。

# 「規律性」実践トレーニング

職場のルールはすべて明文化されているわけではありません。物の置き場所や仕事の手順などのなかには、暗黙のルールとなっているものや、状況に応じて変化するものもあります。ここでは、事例を用いて規律性を身につける練習をしていきましょう。

**事例** 誰の指示に従えばいいの？
―――――――――――――――――――――――――

新人保育者のC先生は、ベテランのパート職員D先生と2人で3歳児クラスを担当しています。D先生はこの園に10年以上勤めていますが、出産・育児で、仕事を離れていた期間が数年あり、現在はパート職員として勤務しています。D先生はC先生の指導係として、日頃から常に指示を出したり、保育の指導をしたりしています。

最近、C先生は、正職員である自分がパート職員であるD先生に頼りすぎているのではないかと思い始めています。そのようななか、D先生の帰宅後に主任が3歳児クラスに来て、「この道具はなぜここにあるの？　倉庫に置くべきものでしょう」と言いました。その道具は、本来は倉庫に保管すべき物ですが、C先生は、D先生から明日も使うから教室に置いておくようにと言われていました。

### あなたがC先生だったら、どのように主任に返事をしますか？

保育は、子育ての経験が活かされる仕事です。そのため、多くの園では保育者が子育てをしながら仕事を続けられる環境を整えています。また、園によってパート職員の位置づけは様々であり、サポート業務を中心に担

う場合もあれば、この事例のように正職員の指導を担う場合もあります。

　この事例では、C先生は、指導係であるD先生の指示に従うことになります。主任の問いかけに対しては、「明日も使うということで、D先生の指示でそこに置きました」と、事実をありのままに伝えることが基本的な対応になります。それができるようになったら、一歩進んだ対応を考えてみましょう。

　「明日も使うということでD先生の指示でそこに置きましたが、本来は倉庫に保管する物ですね。すみません、いま気がつきました。倉庫に戻したほうがよいでしょうか？」

　D先生の指示に従った結果ではあるものの、その指示に疑問をもたなかったことについて素直に認めると、主任が受ける印象も変わってきます。最もよくない対応は、何も言わず黙ってしまうことです。主任は、C先生が自分の問いかけを理解しているのか、また、C先生がどのように考えているのかが全くわからず、コミュニケーションが進まなくなります。

　一方で、「D先生の指示でそこに置きました。私は言われた通りにしただけです」というように、事実であったとしても自分の責任ではないと強調しているような伝え方をすると、責任感がない人ととらえられかねません。このような伝え方は控えましょう。

## 新人保育者に求められる「規律性」のまとめ

　規律性は、社会人基礎力のなかでも特に子どもの安全に直接かかわる重要な力です。規律の大切さを理解し、社会人として責任ある行動がとれるようになることが大切です。規律性に対する自分自身の意識を高め、安心かつ安全な組織の一員として質の高い保育を実現しましょう。

## 豆知識 名刺交換の方法

　社会人になったら、名刺の正しい扱い方を習得しましょう。名刺は、社会人としての自分の分身です。同様に、相手から受け取った名刺は、相手の分身として丁寧に扱いましょう。名刺を雑に扱うことは、相手に対して失礼にあたります。

①名刺は名刺入れに入れて持ち歩きます。

②名刺を渡すときや受け取るときは、立った姿勢で、両手で扱います。

③同時に名刺を交換するときは、名刺入れを左手に持ち、右手で自分の名刺を渡します。名刺は相手のほうへ向けて、相手の名刺入れの上に置くように渡します。そして、左手で相手の名刺を受け取ります。

　受け取った名刺は、すぐに名刺入れにしまわず、両手で胸の高さに持っておくか、机の上に置いて話をします。相手の目の前で名刺にメモをするのは、大変失礼な行為になるので避けましょう。また、もらった名刺は定期的に整理しておきましょう。

チームで
働く力

第 **7** 章

# 仕事の効率を上げる
# ストレスコントロール力

# ① 保育者に必要な「ストレスコントロール力」とは

　仕事を始めたばかりの頃は、誰しも責任のある仕事に対して不安を抱きます。この不安はストレスの原因になります。このようなストレスにうまく対応できるよう、しっかりと準備して、緊張感をもって仕事に臨みましょう。そうすることで、１日の仕事がスムーズに進み、ミスや事故の少ない質の高い保育ができるようになります。反対に、ストレスが全くないと、緊張がゆるみ注意力も散漫になり、ミスや事故につながり仕事の質が低下します。ストレスは、必ずしも悪いものではありません。

　ストレスコントロール力は、「社会人基礎力」では「ストレスの発生源に対応する力」と定義されていますが、新人保育者に求められるのは、**ストレスのレベルを最適な状態にコントロールする力**といえます。最適なストレス状態を維持することで、集中力が高まり、仕事の効率を上げることができます。

　ストレスレベルと心身の状態の関係は、図５のように表すことができます。図５の「心身の状態」を参考に、自分のストレスレベルをチェックし

## 図5　ストレスレベルと心身の状態の関係

| ストレスレベル | 低 | 最適 | 高 |
|---|---|---|---|
| 心身の状態 | 心地よい<br>集中していない<br>ぼーっとしている | 高い集中力<br>トラブルを冷静に処理<br>記憶力・思考力が高まる | 不安・緊張・イライラ<br>寝つきが悪い<br>夜中に目覚める<br>頭痛・肩こり・腰痛<br>精神的不安定<br>倦怠感 |
| 生産性 | 低い | 高い | 低い |

てみましょう。仕事中でもストレスレベルが「低い」人は、もう少し緊張感をもつようにしましょう。反対に、ストレスレベルが「高い」人は、ストレスに対処する方法を学んでいきましょう。

# ② 「ストレスコントロール力」を身につける方法

## ① ストレスの原因となる出来事の受け止め方を変える

・・・・・・・・・・・・・・・・・・・・・・・・・・・・・・・・

　新人のうちは、できない仕事が多くて当たり前です。わからないことも多く、周囲の人にたくさん助けてもらうことになります。先輩や上司からの指導を厳しいと感じることもあるでしょう。指導を受けた際に気持ちが沈み、何日も落ち込み続けてしまうという人は、仕事においてストレスレベルが高い状態になっている可能性があります。

　ストレスを強く感じてしまう人の特徴は、ミスをしたり指導や指摘を受けたりした際に、「自分はダメな人間だ」「自分はこの仕事に向いていないのかもしれない」などと自分を否定する傾向にあることです。逆に、ストレスをあまり感じない人は、同じようにミスをしたり指導を受けたりしても、原因を把握し「次はこうしてみよう」と次の行動を考えます。

　つまり、ストレスを溜めないようにする方法の１つは、ミスをしたり指導を受けたりした際の受け止め方を変えることです。もし、自分はダメだという思考に陥っていると自覚したら、その思考はいったん止めて、指導に沿った行動をしてみましょう。行動することで少しずつ自信がつき、ス

トレスが軽減されていきます。「傾聴力」（第３章）を意識して、先輩は何を指導してくれたのかという「事実」を正確に理解し、反省すべき点は反省しつつも、「次はこうしてみよう」と指導に沿った行動ができるようになることをめざしましょう。はじめから完璧に仕事ができる人はいません。先輩の指導を１つずつ丁寧に聴き取り、次の行動を考える思考を習慣化しましょう。

## 新人保育者あるある

　新人保育者のＡ先生は、保育中に主任から「それ、違うよ！」と指摘を受けました。「うまくできなかった……、迷惑をかけてしまった……」との思いから、仕事中にもかかわらず泣きそうになってしまいました。いつまでたっても仕事ができない自分は、保育の仕事に向いていないのではないかと感じ始めています。

それ、
違うよ！

あっ

主任から指摘を受け、自分を責めてしまい気持ちが沈んでしまう新人保育者の事例です。主任は、Ａ先生を責めるような言葉は使っていませんが、Ａ先生は自分を責めてしまい、落ち込んでいます。

このようなときは、自分を責めるような思考はいったん止めて、次はどうするかを考えましょう。主任の言葉を振り返り、自分のやり方が間違っていたこと、主任がそれに対して指摘をしたという「事実」を理解します。指摘されたことに関しては、その原因を自分なりに振り返り、必要に応じてメモに残し、次に活かしましょう。失敗を振り返り、反省することは大切ですが、指摘のたびに自分を責めていると、ストレスはどんどん溜まってしまいます。

事実と自分の感情を分けて理解し、受け取り方を変えてみましょう。事実と感情を分けて考え、課題を明確にし、対策を考える方法については、「課題発見力」（第11章）で詳しく解説します。

**図6　事実のみを受け取るプロセス**

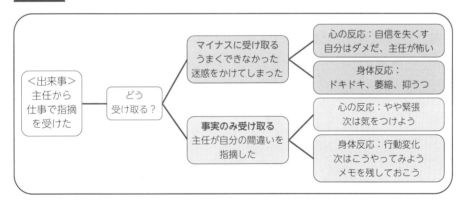

## 2 あえて鈍感になる力を身につける

職場の人間関係に関するストレスには、指導者との関係に苦慮するという場合もあれば、周囲の空気を深読みしてしまうという場合もあります。主任や園長が難しい表情をしているときや、ほかの人が指導されているのを見るだけで、自分のせいではないか、自分も指導されるのではないかと考えて、ストレスを感じてしまうような状況です。周囲の空気を読みすぎず、あえて鈍感になる力もまた、ストレスコントロールには必要です。

### 新人保育者 あるある

事務室に、主任と先輩と新人保育者のB先生の3人がいます。この状況で、主任と先輩が険しい顔で次のような話をしていました。

主任：またC先生に言っておいた仕事ができていないのよ……。このままだと間に合わないかもしれない。

先輩：あぁ、またですか。困りますね。

B先生は2人の会話を聞いて、その場にいないC先生のことを話していることにもやもやした気持ちになり、そっと事務室を出ていきました。

新人保育者のB先生は、その場にいない人の話をすることはあまりよく

ないのではないかという思いから、2人の会話を聞いて、もやもやした気持ちになっています。

　しかし、園の保育全体に責任をもつ主任の立場に立って考えてみると、スケジュール通りに業務が進んでいないことは深刻な問題です。誰かがカバーしなくてはなりません。主任自身が担う可能性もありますが、周囲の助けも必要になるでしょう。そう考えると、主任と先輩の会話は、業務上必要な事実の共有であり、仕事の相談であるといえます。他人の悪口や陰口を言う人は、「困った……」と言いながらも内心楽しそうに話しているものです。この場面では、主任と先輩の2人は「険しい顔」をしていて、全く楽しそうには見えません。C先生の仕事をどのように調整すべきかという相談が、この後も続いたことでしょう。

　事実を正確にとらえると、主任と先輩は仕事の相談をしているのであり、B先生がもやもやするような要素はなさそうです。このように、あえて鈍感になれると、空気を読んで周囲に気をつかいすぎてしまうというストレスも少なくなります。

　仕事において、本人がいないところでその人を話題にすることはよくあることです。それは、事実を正確に伝えなければ仕事に支障をきたすことがあるからです。誰かのミスが原因で事故が起こった場合に、その人をかばう気持ちで「誰が」を曖昧にして報告をすると、かえって混乱を招くこともあります。責任転嫁するような言い方はよくありませんが、正確な報告は仕事に必要不可欠であり、それがミスや事故を防ぎ、質の高い保育につながるということを意識しておきましょう。

\ワンポイント/
\アドバイス/

> 仕事では、その場にいない人の話をすることはよくあります。周囲に気をつかいすぎてストレスをためないようにしましょう。

第7章 仕事の効率を上げる〔ストレスコントロール力〕

# 3 自分なりのストレス解消法を見つける

　社会人として、自分の心と身体の健康は、自分で管理できるようになりましょう。ふだんから健康的な生活を意識し、疲れたなと感じたら休暇をとったり、リフレッシュできることをしたりして、ストレスを解消するように心がけましょう。

　**健康管理の基本は規則正しい生活と十分な睡眠**です。睡眠不足はマイナス思考につながりやすく、ストレスの大きな原因になります。生活のなかにストレス解消法をうまく取り入れ、仕事もプライベートも楽しめる状態を保ちましょう。

　あなたのストレス解消法は何でしょうか。旅行、買い物、ライブ、友だちとのおしゃべりなど、人によって様々なストレス解消法があります。仕事を離れて自分の好きなことに没頭する時間を意識してつくりましょう。

　ストレス解消法のなかでも有効なのは、「誰かに話す」ことです。解決策を求めて話すのではなく、ただ仕事上のもやもやを聴いてもらう、つまり愚痴をこぼすだけなのですが、自分のもやもやを言葉にしていくうちに気持ちの整理ができ、すっきりとします。ただし、「情況把握力」（第５章）でも述べましたが、話す相手は誰でもよいわけではありません。この人なら信頼できるという人に話を聴いてもらうようにしましょう。就職したばかりで職場にはまだ安心して愚痴をこぼせる人がいないというときは、家族や友だちなど、職場以外の人に話を聴いてもらいましょう。

　気をつけなくてはならないのは、愚痴をこぼす場所と時間です。これは、仕事以外の場で行わなければなりません。職場では、先の事例のように、愚痴ではなく対策を考える前向きな相談をするようにします。また、仕事以外の場で話をするときには、個人情報の漏洩に注意しましょう。

# 3 「ストレスコントロール力」 実践トレーニング

　仕事では、様々な場面でストレスを感じることがあります。ストレスコントロール力は、どの場面でも共通して使うことができるスキルです。ここでは、保護者対応の場面を取り上げ、ストレスコントロール力を身につける練習をしていきましょう。

> **事例**　保護者に対して意見が言えない…
>
> 　新人保育者のD先生は、保護者の前に立つと緊張してしまいます。夕方の迎えのときには、あいさつをして1日の活動内容を伝えていますが、保護者との会話ははずみません。特に会話が続かない2、3人の保護者に対して、D先生は「苦手だな……」と感じています。また、自分は新人で仕事ができないと思われているのではないかと不安になります。

　**あなたがD先生だったら、保護者対応でのストレスに対して、どのような対応策を考えますか？**

保護者対応で強いストレスを感じている新人保育者の事例です。新人保育者の研修では、このような相談が毎年、多く聞かれます。「保護者の前に立つと緊張してしまう」「あいさつの後が続かない」などは、多くの新人保育者に共通する悩みです。

　この悩みの奥にあるのは、「保護者から信頼される保育者にならなくては」という強い責任感ではないでしょうか。その結果、保護者にどう思われるかを気にしすぎてしまい、どんどんストレスが溜まっていきます。この章では、ストレスコントロール力を身につけるために、次の3つの方法を紹介してきました。

> ① ストレスの原因となる出来事の受け止め方を変える
> ② あえて鈍感になる力を身につける
> ③ 自分なりのストレス解消法を見つける

　ここでは、①と②の方法を具体的に考えてみましょう。

## ①ストレスの原因となる出来事の受け止め方を変える

　新人保育者のD先生は、会話が続かない保護者から自分はどう思われているのだろうと不安になり、苦手意識をもち始めています。しかし、保護者から直接、何か言われたわけではなく、ただ会話が続かないだけです。もしかしたら、その保護者はもともと口数の少ない人なのかもしれません。あるいは、仕事と子育てで忙しく、余裕がないのかもしれません。

　実際に保護者の立場からすると、「夕方のお迎えのときは、帰ってからの夕飯、お風呂、寝かしつけなどの段取りで頭がいっぱい。先生と話したい気持ちはあるけれど、日中の子どもの様子を少し聞けるだけでも十分」と感じていることが多いため、子どもの日中の様子をそのまま伝えるだけで十分です。保護者はD先生が新人であることをわかっていますので、一生懸命な姿を温かく見守ってくれるでしょう。

会話が続かない状況を自分のせいではないかと考えると、ストレスはどんどん溜まっていきます。ほかにも理由があるのかもしれないと考えてみることも大切です。

ワンポイント
アドバイス

> 保護者への報告は、「○○を頑張っていました」「○○くんと楽しそうに砂場で遊んでいました」など、日中の様子をそのまま伝えるだけで十分です。

②あえて鈍感になる力を身につける

　1日の活動の様子を伝えた後、会話が続かない……という人は、保護者に質問をしてみましょう。「最近、何か気になっていることはありますか?」「○○ちゃんは、家ではどのような様子ですか?」などは、保護者が答えやすい問いかけです。

　一方で、「いつまでも話が終わらない保護者」への対応についても、新人保育者の悩みとしてよく聞かれます。保護者との信頼関係が築けているからこそたくさん話してくれるのでしょうが、あまりにも話が長いとその後の仕事に影響が出てしまいます。保護者に気をつかいすぎて会話を終えることができない場合は、ここでもあえて鈍感になる力を発揮して、「すみません、そろそろ保育に戻りますね」と切り替えることも必要です。それでも話し続ける場合は、何か心配ごとがあるのかもしれません。「何か心配ごとがおありですか。主任にも伝えて、改めて時間をとりましょうか」と伝えるのもよいでしょう。その後で、その保護者への対応を先輩や主任に必ず相談しましょう。

保護者と仲よくなることは大切ですが、言葉づかいはあくま
で敬語や丁寧語を使いましょう。

## 新人保育者に求められる<br>「ストレスコントロール力」のまとめ

　ストレスを上手にコントロールする方法として、①ストレスの原因となる
出来事の受け止め方を変える、②あえて鈍感になる力を身につける、③自分
なりのストレス解消法を見つけるの３つを紹介しました。さっそく今日から
試してみてください。就職して間もないうちから、自分と周囲の人とを比較
して落ち込む必要はありません。失敗やうまくいかないことも、１年後、２
年後に、いまよりも成長するための「経験」であると前向きにとらえましょう。

\ 前に踏み /
\ 出す力 /

第 **8** 章

# 物事に進んで取り組む
# 主体性

# 1 保育者に必要な「主体性」とは

　みなさんにとって「主体性」は、なじみの深い言葉ではないでしょうか。保育の現場で主体性を話題にするときは、「子どもの主体性」がテーマになりますが、ここでは「保育者の主体性」がテーマです。

　「社会人基礎力」では、主体性は「物事に進んで取り組む力」と定義されています。これは、「指示待ちにならない」「受け身にならない」と言い換えることもできます。

　一方で、自分から進んでやろうとすると、先輩や上司から「それはやらなくていいです」と言われることがあります。どこまで指示を待ち、どのくらい自分から進んで仕事に取り組めばよいのか、迷うところです。受け身にならず、場面に応じて柔軟に行動するための工夫を考えてみましょう。

# 2 「主体性」を身につける方法

## 1 自分からあいさつをする

　まずは、あいさつ、相談、報告など、すべてにおいて自分から先に声をかけます。「発信力」（第2章）にも通じるものですが、必要なときだけでなく、日々の保育のなかでも自分から声をかける姿勢が大切です。

　ある園では、新人保育者に対して園長が積極的にあいさつをした結果、かえってその新人保育者は園長のあいさつを待つ習慣ができてしまったそうです。あいさつにおいて「受け身」の習慣がついてしまうと、「まず上の人が話すのを待ってから」というコミュニケーションスタイルができて

しまいます。**どのような立場であっても、日常のあいさつや声かけは自分
から行うこと**を意識しましょう。狭い場所ですれ違うときや出会い頭に、
自分から「お先にどうぞ」とさらっと言えるようになると、互いに気持ち
よく仕事ができます。

\ワンポイント /
\アドバイス /

> どのような立場であっても「あいさつは自分から」を心がけ
> ましょう。

## 2 自分から仕事を引き受ける

　先輩が忙しそうにしていたら、「私がやりましょうか」と真っ先に声を
かけます。特に、準備や片づけ、役割が決まっていない雑務などは、新人
が引き受けることを意識しておきましょう。

　先輩保育者から、「私たちが動いている横でいつも新人はじっと立って
いて、ただ見ているだけのように見える。何を考えているのか、声をかけ
ていいものか、わからない」という相談を受けることがよくあります。一
方で新人保育者は、「先輩が動いているので自分は行かなくてもよいだろ
う」という意識があったり、「下手に手を出して間違ったことをするより、
何もしないほうが迷惑をかけないからよいだろう」という考えがあったり
するようです。

　自分の仕事にゆとりができたときは、「いま手が空きましたので手伝い
ましょうか」「何かやることはありますか」と、進んで声をかけてみま
しょう。声をかけずにやってしまうと、よかれと思ってやったことでも
「勝手な行動」とみなされてしまうことがあります。したがって、まず
「私がやりましょうか」と尋ねてから手伝うようにします。先輩が大変そ

うなときにひと声かけてさっと身体が動くようになると、互いに気持ちよく仕事ができ、コミュニケーションもさらに円滑になります。

## 新人保育者 あるある

「運動会の練習のための道具を準備するとき、何もわからない自分が手を出すとかえってじゃまになると思い、先輩がやるのを見ていました」

この場面で、新人保育者は「先輩がやってくれているから、何もわからない自分がやるとかえって迷惑だろう」と考えています。しかし、先輩の立場からすると、新人保育者は「黙って見ているだけの人」に見えてしまいます。「なぜ動かないのだろう」と思っているでしょう。このようなときこそ、**「何を手伝ったらよいですか」**と自分から声をかけてみましょう。

新人のうちは、毎日、目の前のことをこなすことに精一杯で、周りを見て動くことは難しいかもしれません。最初のうちは、先輩のほうから「手伝って」「これを片づけて」と丁寧に指示を出してくれますが、そのうち、仕事の大半は「指示がなくてもやる仕事」になっていきます。

何をしたらよいのかわからないときは自分から声をかけ、率先して動くようにしましょう。

| 表5 | 自分から仕事を引き受ける際のポイント |

① 新人は誰よりも先に動く。
② 雑務や役割の決まっていない仕事は、新人が進んでやる。
③ 他人の仕事を手伝うときは、ひと声かけてから行動する。
④ 先輩の仕事も「何かやりましょうか」と声をかけて積極的に手伝う。

## 3 ひと通りできるようになってから提案する

　主体性については、一歩進めて自分の考えを表す段階があります。ただし、新しいアイデアや新しい仕組みの提案は、会議などで発言を促された場合を除き、職場での信頼を得てからのほうがしやすいと思います。新人のうちは、まずはその組織のやり方でひと通りできるようになることが目標です。「なぜ？」「どのような意味があるのか？」と思うこともあると思いますが、その業務があるということには、必ず理由があります。まずはひと通りできるようになってから新しい提案をするようにしましょう。

　目的や意味のわからない仕事があった場合は、最初に確認しておくことが大切です。どのような仕事でも、目的を理解しないまま自分の考えだけで進めてしまうと、結局「無駄な仕事」になりかねません。目的や意味のわからないことがあったら、「この仕事はどのような目的があるのですか？」「これはなぜ必要なのか教えていただけませんか？」と尋ねて確認しておきましょう。

　実は、新人の感じる素朴な疑問は、組織にとって貴重な情報であり、組織を進化させる原動力にもなり得ます。疑問に感じたことを組織の運営などに反映するための提案方法については、「働きかけ力」（第9章）で詳しく解説します。

第**8**章　物事に進んで取り組む【主体性】

　主体性は、「発信力」（第2章）や「情況把握力」（第5章）にも関連する重要なスキルです。誰に、どのように報告・連絡・相談をするのかを考えながら、**指示待ちにならずに自分から行動していく力**です。この力を仕事のなかでどのように発揮したらよいのか、事例を用いて考えてみましょう。

> **事例**　子どものアレルギーが心配な保護者への対応

　新人保育者のA先生は、3歳児クラスの副担任をしています。このクラスには、卵アレルギーのあるBくんがいます。Bくんの保護者は、卵以外にもアレルギーがあるかもしれないと、とても気にしています。

　ある日の朝、Bくんの保護者がA先生に、「献立表のアレルギー品目の表示をもっと詳しく書いてもらえませんか。加工食品や市販のおやつの素材も知りたいです」と言いました。A先生は「栄養士に相談してみます」と答えました。

　A先生はその日のうちに栄養士のC先生に相談したところ、「Bくんの保護者はアレルギーが心配なのですね。事前に保護者が申告している品目とガイドラインに沿った品目は入れているけれど、もっと詳しく書くことは、すぐには難しいですよね」と言いました。

　夕方の迎えのときにA先生がその旨をBくんの保護者に伝えたところ、「そうですよね……」と少しがっかりした様子でした。

## A先生の対応について、「よかった点」と「こうすれ ばもっとよいのではと思う点」を挙げてみましょう。

　栄養士と保育者の連携が求められる事例です。A先生はBくんの保護者の心配な気持ちに早く応えたいという思いがあり、すぐに行動しましたが、期待に沿うことはできなかったようです。この事例を振り返りながら、主体性について考えていきましょう。

### ①よかった点

　A先生はBくんの保護者の要望に対して、「栄養士に相談してみます」と伝えていることから、ふだんから組織内の連携がとれていることがわかります。Bくんの保護者は、A先生に対して信頼感を抱いたのではないでしょうか。また、Bくんの保護者からこのような要望を受けたということは、A先生は保護者との関係性をきちんと築けているといえます。その日のうちに栄養士のC先生に相談していることも、自分から行動している点で主体的といえます。

### ②こうすればもっとよいのではと思う点

　A先生は直接栄養士のC先生に相談していますが、まずは同じクラス内での情報共有が必要です。主担任に相談せずに栄養士に相談するのは、組織の「規律性」（第6章）の点からは望ましくありません。

　より望ましい対応は、主担任に報告・相談をしてから栄養士に相談することです。また、献立表の内容はすべての子どもに影響するので、栄養士の返答を受けた時点で、主担任を通して主任に報告します。組織によっては、栄養士に相談する前に主任に相談したほうがよい場合もあります。

第8章 物事に進んで取り組む【主体性】

83

保護者の心配に寄り添い、何とかできないかと考えていたＡ先生でしたが、結果的には、Ｂくんの保護者の心配ごとはそのまま残ってしまいました。そもそも、Ｂくんの保護者は、なぜこんなに心配しているのでしょうか。この事例では、Ｂくんの保護者に対して、もう少し踏み込んで理由を聞いてみると、別の対応がみえてくるかもしれません。「傾聴力」（第3章）で学んだように、深い傾聴を意識して、「卵以外にもアレルギーがあるかもしれないと心配なのですね。何か、心配になるきっかけがあったのですか」と、自分から一歩踏み込んで質問してみるとよいと思います。

　なかには、「Ｂくんの保護者に専門医によるアレルギー検査を勧めるとよい」と考えた人がいるかもしれません。園外の専門機関を紹介することは、原則として管理職の仕事になります。子どもの健康や発達に不安がある親にとって、園外の専門機関を紹介されるということは、とても重い意味をもちます。専門機関の紹介に関しては、保護者との信頼関係とともに、ふだんからの外部機関との連携が必要となりますので、慎重に、丁寧に進めていくことが大切です。

　主体性は、周囲の人との関係のなかから培われます。周囲の人や環境からの働きかけがなければ、何かをやろうとか、やってみたいという思いは生まれません。保育においても、周囲からの働きかけや子どもの意欲を生む環境があって、はじめて子どもの主体性が育まれていきます。子どもたちの主体性を育む保育者も、周囲と上手に人間関係を築き、自分の主体性を高めていきましょう。

　子どもがケガをしたり、ヒヤリハットが起こったりしたときに身体が動かなかったという経験があれば、なぜ動かなかったのかを自問自答してみてください。もし、意識の底に「先輩がやってくれるから大丈夫」という考えがあれば、社会人としての心構えが足りないといえます。子どもの安

全を守ることは、保育者の大切な仕事です。自分が子どもを守るという意識を強くもつようにしましょう。

## 新人保育者に求められる「主体性」のまとめ

　指示待ちにならず、自分で考えて仕事を進められるようになるために、日頃から次のことを意識しましょう。

① 自分からあいさつをしましょう。

② 自分から声をかけて、仕事を引き受けましょう。

③ 仕事がひと通りできるようになり、信頼を得られるようになってきたら、自分の考えを提案できるようになりましょう。

# 子どもの主体性と保育者の主体性

　保育所保育指針（平成29年告示）では、子どもの主体性について「子どもが安心感と信頼感をもって活動できるよう、子どもの主体としての思いや願いを受け止めること」と記されています。

　主体性とは、自分で考えて行動しようとすることです。子どもの主体性を尊重するということは、子どものやりたいことを自由にさせたり、何でも子どもに決めさせたりするということではありません。保育者は、子どもが自由に遊びを選ぶとき、子どもの興味や関心を引き出し、子どもの発達にどのように結びつけるかを考えなければなりません。それをここでは、**保育者の主体性**といいます。子どもの主体性を尊重した保育の環境を構成するには、**子どもの主体性と保育者の主体性のバランスをどのように設定するかが大切**になります。

　子どもと保育者のかかわりを「寄り添う保育」と「見守る保育」の2つの軸で考えた図を用いることで、自分がめざす保育を振り返ることができます。

> 寄り添う保育：子どもが求めているときに応答的に接する
> 　　　　　　　【子どもの様子を察知する観察力が必要】
> 見守る保育：信じて待つ態度で、子どもが自分で選び、挑戦したり失敗したりすることができる環境で観察する
> 　　　　　　　【待つ姿勢がより強く、忍耐力が必要】

● **活動における子どもの主体性と保育者の主体性**

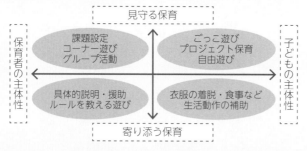

　どちらのかかわり方においても、保育者は子どもの力を信じることが大前提です。保育者は、子どもが困ったときには、いつでも励まし、援助することができる体制でいることが求められます。

（圓藤弘典）

前に踏み
出す力

第 **9** 章

# 周囲を巻き込んで
# 仕事を前に進める
# 働きかけ力

## 1 保育者に必要な「働きかけ力」とは

　保育は、多くの子どもを複数の保育者で見守り、心身の成長を支える仕事です。そのなかに保育のスキルが飛び抜けて高い保育者がいたとしても、チームで連携して動かなければ、保育の質は向上しません。誰かにサポートしてもらったり、誰かをサポートしたりすることで、仕事は進みます。

　「社会人基礎力」では、働きかけ力は「他人に働きかけ巻き込む力」と定義されています。組織で働くうえでは、上手に人と連携できるようになることが求められます。人と連携するということは、人に頼ることでもあります。1人で対応できないと思ったら、上手に先輩や上司の助けを借りながら仕事をスムーズに進めることが、新人に求められる「働きかけ力」です。

## 2 「働きかけ力」を身につける方法

### 1 先輩や上司を頼る

・・・・・・・・・・・・・・・・・・・・・・・・・・・・・・・・・・・・・・・・・・・・・

#### 新人保育者 あるある

　A先生は新人保育者です。主担任の先輩から「Bちゃんの保護者に、持ち物には名前を書くように伝えておいて」と言われ、連絡帳で伝えたり、直接お願いしたりと工夫してきましたが、何度伝えてもBちゃんの保護者は名前を書き忘れてしまいます。A先生は、考えられる方法はすべてやり尽くしたので、これ以上どうすればよいかわからず、困っています。

　園からの要望に応じてくれない保護者への対応の事例です。子どもの持ち物には名前を書いてほしいという保育者のお願いが、なかなか伝わらないようです。

　このような場面では、どのように対応したらよいでしょうか。1人で考えてもそれ以上よい考えが浮かばないときは、具体的に自分がどのようなサポートをしてほしいのかを主担任の先輩に伝えてみましょう。「Bちゃんの保護者に記名のお願いをするときに、一緒にいてもらえませんか」と先輩にお願いするのも1つの方法です。先輩と2人でBちゃんの保護者に話をすると、保護者もいつもと違うと感じ、真剣に受け止めてくれやすくなります。

　任された仕事は1人でやらなくてはならないというわけではありません。周囲の人の助けを上手に借りられるようになることも、働きかけ力です。単に「できません……」と伝えられても、先輩はどのようにサポートしたらよいのかわかりません。具体的にどのように手伝ってほしいかを考えてからお願いをすると、先輩はサポートしやすくなります。

　ただし、先輩にお願いしたいサポートが具体的に思い浮かばないときは、「考えられる方法は全部やってみたのですが、効果がありません。どうしたらよいでしょうか」と、正直に伝えて相談にのってもらうことも考えましょう。サポートを依頼する際には、自分の限界を素直に認めることが大切です。上手に助けを求めることで、コミュニケーションの機会が増

え、信頼関係を深めることにもつながります。

> 先輩や上司に上手に助けを求め、自分の仕事をサポートして
> もらいましょう。

## 2 園全体に働きかける

　先輩や上司を頼ることができ、信頼されるようになってきたら、働きか
け力のレベルアップを図りましょう。

　新人は、まずは「言われたことができるようになる」ことが目標です。
それができるようになったら、「主体性」（第8章）で学んだように、「自
分の考えで動く」ことをめざします。言われた通りに仕事を進めているな
かで、「なぜこのようにするのか」「これは本当に必要な仕事なのか」「こ
うしたらもっとよいのではないか」といった考えが浮かぶこともあると思
います。新人が感じるこのような疑問は、ときに組織を進化させる原動力
になることもあります。

　仕事の決まりやルールを変更するときは、通常は職員が混乱しないよう
に段階を踏んで進めていきます。例えば、現場で生じた困りごとに端を発
して、決まりやルールを変更する場合は、表6のような手順を踏んで、時
間をかけて進めていきましょう。

| 表6 | 組織の決まりやルールを変更する手順 |
| --- | --- |

① 困りごと（ニーズ）があると感じたら、同じように困っている「仲間」を集める。2人以上の意見であることが大切。

② 仲間と一緒に変えたいところを検討し、案をつくる。

③ 案をもとに、上司に相談する。

④ 相談をした上司が決定する権限をもっていれば、上司に決めてもらう。組織全体の合意が必要であれば、職員会議などで提案し、参加者全員で議論して決定する。

⑤ 決定したことを議事録や掲示物、口頭で伝えるなどによって、全員に周知する。

## 3 会議への参加の仕方

　組織の共通ルールを変える場合は、「会議」を開きます。規模の大小にかかわらず、組織には必ず会議があります。保育所であれば職員会議の場で、新しいルールに変更したらどうなるか、その効果はどうかなどを十分に議論し、職員全員が受け入れやすいルールをつくります。ここで大事なのは、十分に議論することです。

　会議では通常、園長や主任などの進行役（ファシリテーター）が参加者に意見を求めます。特に、若手や新人には率直な意見が求められます。会議の場でこのような議論に参加することは、とても大切です。大勢の前で発言することに抵抗を感じる人もいると思いますが、会議で発言しないと「異議なし」とみなされます。会議の後でどんなに異議を唱えても効果はありません。したがって、会議のなかではすべての参加者が積極的に発言することが求められます。

　一方で、会議の場で急に議題を出されても、すぐに考えをまとめるのが

図7　やりたい仕事を実現する手順

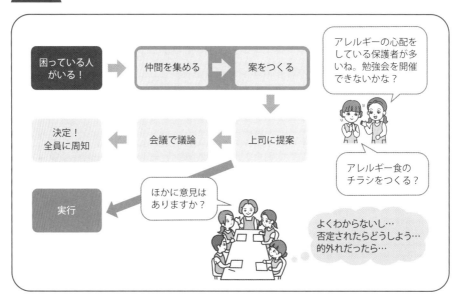

難しいこともよくあります。そのため、提案者には事前の「根回し」が求められます。根回しというと、あまりよいイメージがないかもしれませんが、これは組織で物事を進めるためには必要な過程です。例えば、「次の会議でこのようなことを提案しようと思っていますが、いかがでしょうか」と、関係する人にあらかじめ相談しておくと、会議で意見が出やすくなるだけでなく、相談した人もされた人も安心して参加できます。この「根回し」もまた、組織を変える働きかけ力につながるものです。

　新人であっても、正しい手順を踏むことで多くの人を巻き込み、組織に働きかけることができます。信頼できる人がいて「こうしたい」という思いがある場合は、勇気を出して周囲の人に働きかけてみましょう。保育現場は若い感性とパワーに、大いに期待をしています。

＼ワンポイント／
　アドバイス

「根回し」は、活発な議論のための事前のコミュニケーションです。正しい手順を踏めば、誰でも組織を変えられる可能性があります。

# 3 「働きかけ力」実践トレーニング

　先輩や上司に働きかけて自分の仕事をサポートしてもらう方法と、園全体に働きかける方法を説明してきました。ここでは、自分の仕事をスムーズに進めるために、どのように先輩や上司に働きかければよいのかを事例を用いて考えていきましょう。

**事例** 発達の遅れが気になる子どもの保護者への対応

　Cくん（2歳9か月）は、2語文が出ない、目線が合いにくい、周囲への関心が薄く一人遊びが多いなど、同じ月齢の子どもに比べて発達の遅れが気になります。クラス全体での活動の際には1人で別の遊びをしていることが多いですが、いつも機嫌よく過ごしています。Cくんに関しては、主任や園長も気にかけています。一方でCくんの保護者は、言葉が少し遅いと感じてはいるものの、大きな不安を抱いている様子や困っている様子はありません。

　副担任のD先生（新人保育者）は、日中はCくんに付いていることが多く、お迎えのときにCくんの保護者とよく話をします。その際に、日中の様子をどこまで伝えたらよいのか迷い、いつも給食はどのくらい食べたか、活動では何をしたのかを伝えるだけになっています。Cくんの発達については何も伝えなくてよいのか、何かできることはないかともやもやしています。

### あなたがD先生だったら、どのように対応しますか？

　子どもの発達に関する課題を保護者と共有するのは、新人保育者が1人でできることではありません。同じクラスの担任だけでなく、主任や園長

も含めて検討したうえで、その指導のもとで対応するようにします。子どものケガや「かみつき」などの報告をする場合も同じです。園の方針を確認し、主任や園長に相談してから対応しましょう。

　この事例のCくんは、園では安心して機嫌よく過ごしています。D先生をはじめとする保育者がCくんの特性をよく理解し、気持ちを尊重しながら保育をしていることがうかがえます。


　D先生は2つの悩みを抱えています。1つはCくんの保護者に日中の様子をどこまで伝えればよいのかということ。もう1つは、保育者としてCくんに何かできることはないかということです。

　1つ目の「Cくんの保護者に日中の園での様子をどこまで伝えるか」という悩みは、先述の通り、まずは主担任の先輩に相談することが必要でしょう。または、主担任の了解を得たうえで、ベテラン職員や主任に相談します。

　先輩に対応を相談する際には、「お迎えのときにCくんの保護者に日中の園での様子をどう伝えればよいか相談したいのですが、時間をとっていただけませんか」などと声をかけ、ふだんのCくんの様子をメモにまとめたうえで相談しましょう。子どもの発達支援に関しては、主任や園長が保護者と直接、話をすることも多いです。

　2つ目の「Cくんに何かできることはないか」という悩みは、Cくんに寄り添って保育をしている保育者であれば、当然生じる悩みです。新人保育者にもできることはたくさんあります。Cくんにふだんから接している担任だからこそ気づくこともあるでしょう。「Cくんは電車にとても興味をもっています。電車の絵本の読み聞かせをして、言葉にふれる機会を増やしたいのですが、新しい絵本を購入していただけませんか」「発達についてわかりやすい記事があったので、来月のおたよりに書いてみたいのですが、いかがでしょうか」など、子どものためにできることを自分で考

え、先輩や上司に相談しながら、保育に取り入れていきましょう。提案が
すべて受け入れられるとは限りませんが、何のために、何が必要なのかを
根拠とともに伝えましょう。これも、働きかけ力です。これまでやったこ
とがない仕事にチャレンジすることは、自分自身にとっても大きな成長に
つながります。先輩や上司の助けを借りながら、自分の仕事の幅を広げて
いきましょう。

　発達のほか、貧困や虐待など、行政や地域の専門的な支援が必要となる
事例は年々増えています。子どもと毎日接する保育者は、子どもの異変に
最も早く気がつきやすい立場であるといえます。保育者一人ひとりが子ど
もに対して丁寧にかかわり、小さなことでも気がついたら、先輩や上司に
報告・相談をしましょう。このような日々の積み重ねが、孤立しがちな家
庭の問題を必要な支援につなげるきっかけになります。園というチームに
所属する保育者一人ひとりが自分の役割を果たすことで、ときに子どもの
命を救うことにもつながります。これは、園の大切な役割の１つです。

## 保育者に求められる「働きかけ力」のまとめ

　組織のなかでスムーズに連携し、仕事を前に進めていくために、次のこと
を意識しましょう。
① 先輩や上司を上手に頼ることができるようになりましょう。
② 信頼を得られてきたら、園全体に働きかける方法を身につけましょう。
③ 会議で自分の意見を提案できるようになりましょう。

前に踏み
出す力

# 第 **10** 章

# 目的に向けてあきらめずに
# 挑戦し続ける
# 実行力

# ① 保育者に必要な「実行力」とは

## 1 すぐに行動する

・・・・・・・・・・・・・・・・・・・・・・・・・・・・・・・・・・・

　「社会人基礎力」では、実行力は「目的を設定し確実に行動する力」と定義されています。社会人になってすぐの新人には、まず「言われたことをすぐに実行する」ことが求められます。はじめてのことで不安があっても、先輩や上司から言われたことは、まずやってみましょう。失敗をしない人はいません。「できなくても大丈夫」という気持ちで、言われたらすぐに動くことを意識しましょう。

　仕事を始めたばかりの時期には、「なぜいま、これをするのだろう」「何のためにするのだろう」と疑問に思うこともあるかもしれませんが指示を受けたら、「はい」と返事をして実行できるようになることが大切です。そして、ミスを指摘されたり、自分で間違いに気づいたりしたら、すぐに修正し、自分のやり方を変えることができるようになりましょう。すぐに行動できるようになると、失敗をしたとしても、それ以上に「すぐに行動できる人」として信頼を得ることができます。

## 2 自分で目標を立てて行動する

・・・・・・・・・・・・・・・・・・・・・・・・・・・・・・・・・・・

　指示を受けてすぐに行動できるようになったら、次に、「自分で目標を立てて、試行錯誤しながら仕事を進める力」が求められるようになります。例えば、子どもが逆上がりの練習をするときは、何度も練習を重ね、足の振り上げ方、腕の曲げ方などの身体の使い方を少しずつ習得し、やがてできるようになります。同じように、仕事も最初から完璧にできる人はいません。試行錯誤しながら何度も挑戦し、うまくいかなければ修正をし

て、できるようになっていきます。仕事がうまくいっている人は、実はその陰で多くの失敗を経験し、その経験を活かしているのです。

　試行錯誤しながら仕事を進めることを妨げるのは、「自分には無理だ」という思いです。最初から無理だと思って何も行動しなければ、当然できるようにはなりません。新しいことにチャレンジするときは、誰しも不安になります。この不安があるからこそ、入念に準備をして、計画を立てて、行動するのです。失敗を恐れるあまり何もできずにいると、言われたことしかできない人になってしまいます。仕事でうまくいかないことがあっても、それは、次にもっとよくするために試行錯誤をする段階だからだと考えましょう。

> **豆知識**
>
> ### レジリエンス
>
> 　失敗やうまくいかないことがあったとしても、それをバネに大きく成長していく力のことを「レジリエンス」といいます。レジリエンスは、英語で「回復力」という意味です。ビジネススキルとしてのレジリエンスは、困難な状況に陥ってもすぐに立ち直り、さらによい状態に向けて行動し続ける「打たれ強さ」を指します。保育者に求められる実行力は、レジリエンスと言い換えることもできます。

## ② 「実行力」を身につける方法

　実行力を仕事のなかで高めていくためには、どのようなことを意識すればよいでしょうか。

　園長はよく、「若い人はどんどん新しいことに挑戦してほしい」と言います。新人保育者のＡ先生は、クラスの活動でわりばしを使った工作をやってみたいと思い、主任に提案しました。ところが主任は、「それはこのクラスの年齢ではまだ無理じゃないかな」と言い、採用されませんでした。「子どもたちのために思い切って提案したのに……」と、Ａ先生は少しがっかりしてしまいました。

　子どもたちのために新しい活動を提案したところ、主任に取り合ってもらえず、がっかりしたという事例です。自分の考えを否定されたと感じると失望してしまいます。Ａ先生は、「園長から新しいことに挑戦してほしいと言われたから思い切って伝えたのに、提案しないほうがよかったのかもしれない……」と思っているかもしれません。

　新しい企画や前例がないことは、１回の提案では通らないことがほとんどです。どうしてもやりたいことがある場合は、主任に対してなぜ無理なのかを確認する必要があります。理由がわかれば、対策を立てることができます。それをもとにさらによい企画を立て、再度の提案につなげていきましょう。

　一度受け入れられなかったからといってあきらめるのではなく、主任の意見も取り入れて、園の方針を確認し、子どもにとってよりよい提案にしていくことをめざしましょう。また、事前に先輩に相談してから提案する

ことで、主任も検討しやすくなります。

　実行力とは、このように**自分がやろうとしたことを途中であきらめず、周囲の協力も得てやり抜く力**です。チームで動くときは、自分の提案がスムーズに通ることばかりではありません。あきらめずに行動し続けることが大切なのです。

　そのほかにも、上司の言うことがコロコロと変わると感じたり、振り回されているように感じたりすることもあるかもしれません。園長や主任は、園外や他部署の状況も見ながら判断するため、周囲の状況が変わることによって、これまでの方針や方法を変えることもあります。突然、方針が変わったと感じたら、きちんと理由を確認しましょう。コミュニケーションをあきらめず、勇気を出して「前回と異なっていますが、どのような理由か教えていただけますか」と聞いてみましょう。

**表7　実行力を身につけるためのポイント**

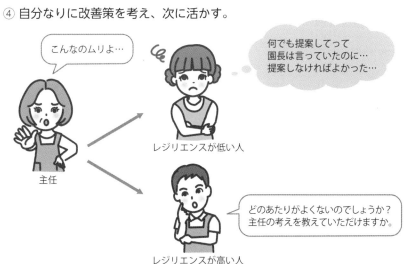

① 言われたことは、まずやってみる。
② 自分の考えややり方に固執しない。
③ 提案を受け入れられなかったり、注意されたりしたときは、理解できるまで質問する。
④ 自分なりに改善策を考え、次に活かす。

こんなのムリよ…

何でも提案してって園長は言っていたのに…提案しなければよかった…

レジリエンスが低い人

主任

どのあたりがよくないのでしょうか？主任の考えを教えていただけますか。

レジリエンスが高い人

実行力のない人の特徴として、1つしかプランを考えられないということがあります。したがって、その案が受け入れられないと、すぐにあきらめてしまいます。実行力がある人は、別の案を考えたり、受け入れられなかったことを否定ではなくアドバイスととらえたりして、どうしたらもっとよくなるのかを常に考えます。あきらめずにコミュニケーションをとり続けるためには、日頃から先輩や上司と気軽に話せる関係であることも大切です。

\ワンポイント/
\アドバイス/

> 提案が1回で通ることはめったにありません。何度か修正する前提で提案しましょう。

## ③ 「実行力」実践トレーニング

保育者に必要な実行力には、すぐに行動することと、自分で目標を立てて行動することが含まれます。ここでは、言われたことをすぐに実行する力と、打たれ強さである「レジリエンス」の活かし方について考えてみましょう。

**事例** 指示されていない仕事を手伝うのは、足手まとい？

運動会の予行演習をする日の朝、新人保育者のB先生がいつもの時間に出勤したところ、先輩たちが園庭の整備をしていました。B先生は何も指示を受けていなかったので、いつも通り教室に入り、子どもの受け入れ準備をしていました。翌日もまた予行演習をする予定でしたが、同じように園庭の整備をしている先輩たちにあいさつをして、教室に入りました。すると主任が来て、「みんな園庭の整備をしているので、B先生も手伝ってください」と言いました。

## あなたがB先生だったら、どのように考え、行動しますか？

　B先生はいつもと違う雰囲気が気になりつつも、まずは自分に任されている仕事をしようとしたのでしょう。自分の仕事に精一杯で、周囲の状況まで把握することができていなかったのかもしれません。B先生の性格や主任との関係性、また、ほかの先生とのコミュニケーションはどうだったのか、想像しながら考えてみましょう。

　ここでは2つの異なる立場からの考えがあるのではないかと思います。1つは、「新人で、行事もはじめてなのに、仕事の内容が説明されていない状態で自分から手伝いますと言うのは難しい」というB先生の立場に立った考えです。もう1つは、「日常と異なる様子を感じたら、まず誰かに尋ね、自分もやりますという姿勢を見せてほしい」という主任の立場に立った考えです。

　新人に求められる「実行力」という点では、主任からこのように言われた後、B先生はすぐに園庭に出て先輩と一緒に園庭の整備をするという対応が考えられます。ほとんどの人がそのように考えたのではないでしょうか。「先輩や上司に言われたら、すぐに行動する」。これが新人に求められる実行力です。

　このような場面では、先輩に「今日、みなさんは園庭の整備を行っているのですか。私は特に指示されていないのですが、どうすればよいですか」などと声をかけると考えた人もいると思います。これは、日頃から職員同士のコミュニケーションが円滑に行われている組織であれば、自然にできることです。日頃からのコミュニケーションが、ここでも大切になり

ます。

　主任から手伝うように言われ、B先生は「注意された」と感じたかもしれません。大切なのは、この経験を次に活かすことです。次に同じような状況になったら、B先生は自分から先輩に声をかけ、自分にできることはないか尋ねることを意識できるようになるでしょう。

　もし、主任がこのタイミングでB先生に声をかけなかったらどうなっていたでしょうか。B先生は、自分でも気がつかないうちに周囲から「仕事を手伝わない人」と思われていたかもしれません。

　先輩や上司も、新人に対して言いにくいことを伝えるのは勇気がいることです。それをあえてしてくれていることに対して、感謝の気持ちを忘れないようにしましょう。

＼ワンポイント／
＼アドバイス／

> 新人はたくさんのことを学ぶ時期。指導してくれる先輩や上司に対しては、感謝の気持ちを忘れないようにしましょう。

## 新人保育者に求められる「実行力」のまとめ

　実行力には、「言われたことをすぐに実行する力」と「自分で目標を立てて、試行錯誤しながら仕事を進める力」があります。保育者に求められる実行力は、失敗しても、それをバネにして次につなげる「レジリエンス」と言い換えることもできます。新人はたくさんのことを学ぶ時期です。失敗を過度に恐れず、試行錯誤を繰り返して、保育者としてのスキルアップを図りましょう。

考え抜く力

第 **11** 章

# 失敗を学びに変える
# 課題発見力

# 1 保育者に必要な「課題発見力」とは

　同じミスを繰り返してしまう原因の1つに、「仕事の振り返り方」の問題があります。仕事の振り返り方を知ることで、失敗の原因を見つけ、同じ失敗を繰り返さないための対策を講じることができるようになります。これが「課題発見力」です。「社会人基礎力」では、課題発見力は「現状を分析し目的や課題を明らかにする力」と定義されています。

　課題発見力を身につけるためには、まず、**自分の行動から課題を見つけられるようになる**必要があります。そのためには、習慣的に自分の行動を振り返り、検証することが求められます。仕事にある程度慣れてきて、仕事全体の見通しを立てられるようになると、自分の行動以外のことについても、将来起こる可能性のある課題を見つけられるようになります。ここでは特に、新人保育者に必要とされる**自分の行動から課題を見つけられるようになる力**について解説します。

# 2 「課題発見力」を身につける方法

## 1 フレームの活用

　仕事に慣れるまでは、毎日、目の前の仕事をこなすのに精一杯で、仕事を振り返る余裕がないかもしれません。それでも、1日5分だけでもよいので、「今日はどのような仕事をしたのか」を振り返る習慣をつけましょう。仕事の振り返りに有効なフレームをいくつか紹介します。

**表8** 仕事の振り返りに有効なフレームの例

| 名称 | 方法 | 特徴 |
|---|---|---|
| KPT | ①Keep（よかったこと・維持すること）<br>②Problem（よくなかったこと・改善すること）<br>③Try（次に改善すること）<br>取り組んだことを、①〜③の３つの項目に分けて書き出す。 | 園の行事や活動など、プロジェクトごとの振り返りに適している。 |
| PDCA | Plan（計画）➡Do（実行）➡Check（検証）➡Action（改善）<br>計画を立て、実行し、それを振り返り、改善策を考えるサイクルを繰り返す。<br>※詳細は「計画力」（第12章）参照。 | 指導計画など長期間にわたり行い、途中で何度も修正を必要とする業務に適している。 |
| YWT | ①Y：やったこと<br>②W：わかったこと<br>③T：次にやること<br>①〜③の３つの項目に分けて書き出す。 | 自分がチャレンジしたこと、経験したことを振り返るのに適している。 |
| 経験学習サイクル | ①出来事<br>②背景・事実<br>③概念化<br>④次の行動<br>①〜④の４つの項目に分けて考える。 | １つの出来事を深く掘り下げ、問題を明確にする方法。問題が起こったときの振り返りに適している。 |

## 2 経験学習サイクルの活用

　表8の４つのフレームのうち、自分の行動から課題を見つけるのに最も適しているのが「経験学習サイクル」です。経験学習サイクルは、１つの出来事を深く掘り下げ、問題を明らかにしていくためのフレームで、ほかの３つのフレームと併用することもできます。ここでは、経験学習サイクルを用いて振り返りを行う方法を詳しく説明していきます。

　アメリカのロミンガー社による調査（1996年）によると、成人の学習は７割が「実際に経験したこと」から得られることがわかっています。つまり、経験をしっかりと振り返ることで学びが深まるのです。

失敗を学びに変える〔課題発見力〕

| 表9 | 成人の学習 |
| --- | --- |

70％：実際に経験したこと
20％：観察・模倣
10％：研修・書籍など

**図8** 経験学習サイクルを用いた振り返りのフレームワーク

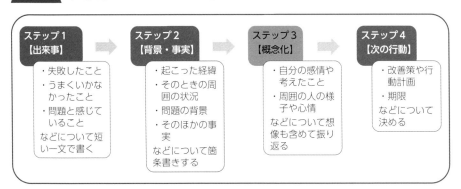

経験学習サイクルには、図8に示す4つのステップがあります。

「ステップ1」では、失敗の経験や改善が必要な問題などについて、「出来事」を短い一文で書きます。

「ステップ2」では、その事例について、「背景・事実」を書き出します。

「ステップ3」では、推測や感じたことを書き出し、「概念化」します。事実と分けて考えることで、何が問題であったのかを明確にしていきます。

「ステップ4」では、改善策や「次の行動」を考えます。

経験学習サイクルのなかで最も大切なのは、「ステップ3」の「概念化」のプロセスです。自分の頭のなかで想像したことを、文章という目に見える形にしていくことで、そのときには気づかなかったことが見えてきたり、ほかの対策が見つかったりします。

新人保育者あるある

　新人保育者のA先生は、今月のクラスだよりの原稿を任されました。締切は20日と言われたので、前日の19日に先輩に提出したところ、締切日の20日に、多くの修正が入った状態で、「もう少しよく考えるように」と戻されてしまいました。その日は終日保育で忙しく、考える時間がとれなかったため、翌日、先輩に相談して保育の終了後に書き直しました。結局、締切には間に合いませんでした。A先生は、来月もクラスだよりの原稿を任されています。来月は締切を守れるように、対策を考えることにしました。

来月こそは……

　ここで、経験学習サイクルのフレームを用いて、この事例について振り返ってみましょう。

---

① 【出来事】（短い一文で表現する）
　　今月のクラスだよりの原稿が締切に間に合わなかった

② 【背景・事実】（事実のみを書く）
- 1か月前に指示された仕事である
- 日中は考える時間がない
- クラスだよりの原稿を書くのははじめてである
- 先月の先輩の原稿をもとに来月の予定を加え、季節のあいさつを変更して作成した
- 最初に「保育の様子が伝わるように」と先輩から言われた。後から「保護者に、子どもたちがいまやろうとしていることが伝わるように」と詳しい目的を言われた
- 戻された日（締切日）の翌日に、先輩に時間をとってもらって相談した
- 先輩に相談して「子どもの発達」の知識を保護者に伝えることになった
- 来月もクラスだよりの原稿を担当する予定

第**11**章

失敗を学びに変える【課題発見力】

考え抜く力

③ 【概念化】(考えたこと、感じたこと、推測などを書く)
- まだ時間があると思っていた
- こんなに修正が入ると思わなかった
- 自分の書く文章に自信がなく、先輩の文章を参考にした
- 子どもたちの様子をどのように書いてよいのかわからなかった
- 「保護者に、子どもたちがいまやろうとしていることを伝える」という目的を理解していなかった

④ 【次の行動】(行動することを書く)
- 書く前に来月のクラスだよりの目的(ねらい)を先輩に確認する(来月10日までに)
- 不安なことやわからないことがあったら、締切前に先輩に時間をつくってもらう
- 締切の1週間前に先輩に見せる
- 子どもの発達について勉強する(教科書を読み直すことを明日から始める)

「①出来事」は、任された仕事が締切に間に合わなかったことを端的に表現します。「②背景・事実」は、その出来事がどのような経緯で起こったのか、事実のみを書き出します。推測や感じたことは、「③概念化」に書きます。事実とそれ以外の推測や感じたことは分けて記入しましょう。②と③を分けて考えることで、何が問題であったのかが明確になります。この事例では、いくつかの思い込み、知識の不足、そして仕事の目的を確認していなかったことが締切に間に合わなかった原因であったことがわかりました。「④次の行動」で、それぞれの原因に応じた対策を考えることで、A先生は来月は締切に間に合うように仕事を進められるでしょう。

\ワンポイント/
\アドバイス/

うまくできなかったことと同時に、「できるようになったこと」も振り返りましょう。できるようになったことがたくさんあることに気づき、自信がもてます。

もう1つ事例を紹介します。同様に経験学習サイクルを用いて振り返ってみましょう。「事実」と「推測や感じたこと」を分けて考えることを意

識してみてください。

　１歳児クラスの担任は、主担任のベテランＢ先生と、パートのＣ先生、そして新人のＤ先生の３人です。Ｂ先生とＣ先生は勤務年数も長く、互いのことをよく知っているようです。クラスのなかでＢ先生とＣ先生は２人でよく話していますが、Ｄ先生はいつも黙っています。

　Ｄ先生が休みをとった次の日は、魚釣りゲームをする予定だったのですが、いつの間にか小麦粉粘土遊びに変わっていました。魚釣りゲームは、Ｄ先生が中心となってつくったものです。Ｄ先生は、小麦粉粘土遊びの時間、ずっともやもやとした気持ちでいました。

　その日の午後、Ｂ先生から「Ｄ先生、子どもたちにもうちょっと声をかけて」と言われました。Ｄ先生は「叱られた」と感じ、何と返してよいのかわからず、「はい」とだけ返事をしました。Ｄ先生は、これまで感じていた疎外感や、自分が中心となってつくった遊びが変更になったことに加え、指摘を受けたことで気持ちが沈んでしまいました。それでも、このままではよくないと思い、自分の行動を振り返ってみることにしました。

いくつかの出来事が重なっていますが、D先生にとってはB先生から指摘を受けたことが、最も落ち込むきっかけになったようです。新人のD先生の経験を、経験学習サイクルのフレームで整理してみましょう。

① 【出来事】（短い一文で表現する）
　B先生から「子どもたちにもうちょっと声をかけて」と言われた

② 【背景・事実】（事実のみを書く）
● 今日の活動内容が、魚釣りゲームから小麦粉粘土遊びになっていた
● 「今日は小麦粉粘土遊びをやるよ」「はい」だけのやり取りで、魚釣りゲームのことは何も言われなかった
● 魚釣りゲームは自分が中心となってつくった
● 「子どもたちにもうちょっと声をかけて」と言われるのははじめてだった

③ 【概念化】（考えたこと、感じたこと、推測などを書く）
● 叱られたのは、自分ができていなかったからで、仕方がない
● 小麦粉粘土遊びに変更になった理由を知りたかったが聞けなかった
● 魚釣りゲームをつくった仕事は無駄になったと感じた
● 自分はまだ新人で、あまり仕事ができないから、先輩に迷惑をかけてはいけないと思っている
● B先生はC先生と話すときは楽しそうだけれど、自分と話すときはそうでないようにみえる
● C先生は優しく気をつかってくれるけれど、パート勤務ということもあり、日中はあまり話す時間はとれない
● 担任間で話をするとき、最初のうちは「どう思う？」と聞いてくれていたが、最近は聞かれなくなった。自分が何も答えられなかったから仕方がないと思う
● 「もうちょっと声をかけて」と言われて、自分がいつもより声をかけていなかったことに気がついた
● 先輩たちは、自分が何か言うのを待っているのかもしれない

④ 【次の行動】（行動することを書く）
● 意識して子どもたちに声かけをする。明日からやる
● 担任間で話し合いをするときは、何か1つは発言してみる
● 自分の知らない間に決まったことに関しては、「知らなかった」ということを伝える
● 変更になった理由についても聞く。「変更になったのですね。何かありましたか」

「③概念化」のなかで、D先生は自分の気持ちを言葉にしながら、少しずつ考え方が変化しています。書き出すことで、改めて自分からあまり発信していなかったことに気づき、もしかしたら先輩たちは自分に気をつかっているのではないかと思うようになりました。そして、「発信していない自分」について考えるようになり、結果として、自分から発信する行動をとることを決めました。

この振り返りは1つの例であり、人によって展開は様々ですが、振り返りを行わなければ同じことが繰り返し起こります。うまくいかないことについて、自分自身に何かできることがあるのではないかと考え、自分の行動を変えていくことが、問題を解決に導くための最も有効な方法です。

## 3 「課題発見力」実践トレーニング

ここからは、自分自身のことについて考えてみましょう。

**ワーク** | 経験学習サイクルを使って「失敗」を振り返る

最近うまくいかなかったことや、失敗したことを1つ取り上げ、経験学習サイクルのフレームを用いて振り返ってみましょう。取り上げる事例を決めたら、108ページの手順に従って「①出来事」「②背景・事実」「③概念化」を記入し、自分が次にとるべき「④次の行動」を1つ以上書いてみましょう。

①出来事（短い一文で表現する）

②背景・事実（事実のみを書く）

③概念化（考えたこと・感じたこと・推測などを書く）

④次の行動（行動することを書く）

## 新人保育者に求められる「課題発見力」のまとめ

　自分の行動を振り返ることで、新たに気がついたことはありましたか。事実と感情を分けて考えることで、出来事の受け取り方は変わります。経験学習サイクルは、仕事だけでなく日常生活でも役に立ちます。この振り返りのフレームを活用して、課題発見力を身につけましょう。

考え抜く力

第 **12** 章

# 仕事のプロセスを明らかにして
# 準備する
# 計画力

# 1 保育者に必要な「計画力」とは

「社会人基礎力」では、計画力は「課題の解決に向けたプロセスを明らかにし準備する力」と定義されています。計画力の前提として、保育者には**自分の仕事を目的に沿ってスケジュールを明確にして進める力**が求められます。

保育の仕事における「計画」というと、「全体的な計画」や「指導計画」などを思い浮かべる人が多いと思います。これらはそれぞれの園の保育理念や保育方針に基づいてつくられます。それをさらに細分化して、月案や週案に落とし込みます。この「全体的な計画」や「指導計画」は、子どもの育ちに関する計画であり、保育全体の中心的な役割を果たすものです。

ここでは、子どもの育ちに関する計画ではなく、**保育者自身の仕事に関する計画**について解説していきます。保育の仕事においては、子どもに直接かかわることのほか、行事の企画や月案作成等の事務など、常に複数の仕事が同時に進行しています。それらを期限までにスムーズに進めるために、仕事の計画の立て方を身につけましょう。

# 2 「計画力」を身につける方法

## 1 PDCAサイクルの活用

まず、PDCAサイクルについて詳しく説明します。PDCAサイクルは、計画を立て（Plan）、実行し（Do）、振り返り（Check）、計画の改善（Action）を順に行い、改善すべき点を次の計画に活かすというサイクルです。1つの仕事を進める際には、最初に立てた計画を途中で見直し、必

要に応じて修正を繰り返すということがよくあります。PDCAサイクルは、仕事を進めるうえで必要な、連続的な試行錯誤の取り組みです。

このPDCAサイクルを保育者自身の仕事において意識して行います。例えば、行事の担当を任されたときには、余裕をもって準備を始め、十分に練習をして、本番前にリハーサルを行う必要があります。そのなかでうまくいかないことがあると、内容やスケジュールの修正を行うことになります。何度もPDCAサイクルを繰り返しながら進めることが、そのプロジェクトの成功につながります。

計画力は、PDCAサイクルの最初の「Plan（計画)」に該当するプロセスです。仕事を順調に進めることができる人は、最初の計画を入念に立てています。どんな仕事も、最初の計画が妥当なものであれば、その後の仕事は比較的スムーズに進みます。ここでは、妥当な計画を立てるための３つのポイントを解説します。

**図9** PDCAサイクル

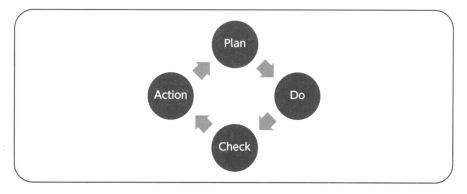

## ２ 計画を立てる時間をつくる

１つ目のポイントは、「計画を立てる時間をつくる」ことです。ただでさえ時間に余裕がない保育の仕事ですが、計画を立てずにいきなり仕事に

着手してしまうと、途中で行き詰まり、かえって無駄な仕事を増やすことになりかねません。また、行き当たりばったりの仕事が続くと、先が見えず疲労感ばかりが増してしまい、悪循環に陥ってしまいます。

　それを断ち切るためには、計画を立てる時間をつくることが必要です。最初に計画を立てる時間をつくるだけで、その後の仕事がスムーズに進み、時間も労力も大幅に節約することができます。保育中は、じっくりと考える時間を確保することはできません。したがって、保育から離れる時間や保育前後の時間に、10分間だけでも計画を立てる時間をつくることを意識してみましょう。

## ③ 目的と期限を確認する

　2つ目のポイントは、「目的と期限を確認する」ことです。計画を立てるときには、最初に、**「何のために（目的）」「いつまでに（期限）」その仕事をするのかを把握する**ことが大切です。最初から目的と期限をはっきりと伝えてもらえるとは限らないので、上司からの情報が足りない場合は、自分から確認するようにしましょう（「傾聴力」第3章参照）。ときには、「この仕事は特に期限はないので、空いている時間にお願いします」と言われることもあります。期限が指定されなければ、自分で期限を決めて計画を立てましょう。

　また、目的がずれてしまうと、仕事がやり直しになる可能性もあります。行事の企画や書類作成など、すべての仕事には必ず目的（ねらい）があります。それらをしっかりと確認し、無駄を減らして、期限までに計画的に仕事を進められるようになることをめざしましょう。

> 期限のない仕事はありません。期限が指定されなければ、自分で設定しましょう。

## 4 途中で計画の見直しをする

　仕事は、最初に立てた計画通りにスムーズに進むとは限りません。3つ目のポイントは、「途中で計画の見直しをする」ことです。**途中で見直す必要性が出てくることを想定して、見直す際の項目をあらかじめ計画のなかに入れておくことが大切です。**

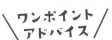

　A先生は新人保育者です。A先生の勤務する園では、毎年、7月の夏祭りで子どもが遊べるゲームの屋台を新人保育者が1つ担当することになっています。今年も5月末に、主任から新人保育者2人に対して、夏祭りの担当について説明がありました。2人は相談して、絵に描いた的(まと)に新聞紙でつくったボールを当てる「的当て(まとあて)」をやることにしました。装飾、的、ボール、発射するパチンコ器具などをつくり、夏祭りの2日前には、ほぼ準備が整いました。

　その日、主任から屋台の準備状況を聞かれたので、作製した装飾やパチンコ器具を見せたところ、パチンコの威力が強すぎて、目に当たると危険なので変更するようにと言われました。2人は「夏祭りまであと2日しかないのに、どうしよう……」と焦りました。結局、主任の提案により、輪ゴムの種類を変更することで威力を弱める方法をとることになり、ほかの職員にも手伝ってもらって、無事に夏祭り当日を迎えることができました。

今回は何とかギリギリで間に合いましたが、もっと早く主任に確認して
もらっていればほかの職員に迷惑をかけずに済んだのにと悔やまれます。

　順調に進むと仮定して、夏祭りの準備を進めた結果、直前で修正すべき
点が見つかり、慌ててしまった事例です。このような事態にならないため
には、前もって主任に確認してもらい、修正する時間も含めた計画を立て
る必要がありました。

　2人が立てた最初の計画と見直し後の計画とを比較してみましょう（表
10）。最初の計画書は、目的（ねらい）が記載されておらず、途中の確認
についても示されていません。一方、見直し後の計画書は、途中で2回、
主任に確認してもらう機会を設けています。修正が必要になることを予測
して、余裕のあるスケジュールを組み、2回のチェックポイント（見直し
のタイミング）で計画を見直し、修正しながら進めていく計画です。

　仕事を進めるうえで「上司の確認」は重要なプロセスです。見直し後の
計画書のように、主任の確認を計画に入れるときは、主任のスケジュール
も同時に確認しておく必要があります。「その日は主任が不在だった……」
ということになると、計画に遅れが生じてしまうからです。あらかじめ、
関係者のスケジュールも考慮した計画を立てましょう。

考え抜く力

**表10** 夏祭り：屋台の計画書

●最初の計画書

| 5月29日 | 6月7日 | 6月9日 | 6月11日 | 〜 | 7月19日 | 7月20日 |
|---|---|---|---|---|---|---|
| 主任から屋台担当の指示<br>●ゲーム<br>●2歳くらいからできるもの | 2人で相談やることを決め、スケジュールを検討 | 材料の買い出し | それぞれ担当を決めて作製 | 制作期間 | 完成確認をする | 夏祭り |
| | 的当てゲームに決定 | | パチンコ(5個)<br>看板<br>的（5個）<br>ボール(10個)<br>その他装飾 | | | |

●見直し後の計画書

> 夏祭りのねらい：伝統文化に親しむ。地域の人との交流をする。
> 屋台のねらい：子どもに楽しんでもらう。屋台の遊びを通して交流を深める。

| | 5月29日 | 6月7日 | 6月9日 | 6月11日 |
|---|---|---|---|---|
| スケジュール | 主任から屋台担当の指示<br>●ゲーム<br>●3歳くらいからできるもの | 2人で相談<br>やることを決め、スケジュールを検討 | 主任に計画案の内容を確認してもらう | 在庫確認<br>材料の買い出し |
| 計画内容 | | 的当てゲームに決定<br>テーマは「森の動物たち」 | 画用紙5枚<br>輪ゴム1箱<br>カラーペン<br>わりばし<br>牛乳パック | パチンコ<br>看板<br>的<br>ボール<br>その他装飾 |

| | 6月13日 | 〜 | 7月10日 | | 7月19日 | 7月20日 |
|---|---|---|---|---|---|---|
| スケジュール | それぞれ担当を決めて作製 | 制作 | 主任に制作物の途中チェックをしてもらう | 制作物の修正期間 | リハーサル当日の動きと1日の流れの確認 | 夏祭り |
| 計画内容 | （設計図参照）<br>担当A：装飾（看板、周囲の飾りつけ）、ボール（10個）<br>担当B：的（10点〜50点、5個）、パチンコ（5個） | | | | | |

**12**
章

仕事のプロセスを明らかにして準備する【計画力】

# 子どもの発達支援についてのPDCAサイクル

　子どもの発達は個人差が大きいため、期限を定めた計画は一見、適さないように思われます。しかし、組織全体で子どもにかかわるためには、ゴールを設定した計画は必要です。

　子どもの発達に対するPDCAサイクルの特徴の1つに、計画の見直しをする回数が多いことが挙げられます。子どもの発達や保護者との連携状況によって、計画の見直しが必要になるからです。期間や方法はもちろん、目標自体を変更することもあります。基本的な発達の知識をふまえ、一人ひとりの子どもに合わせて期間や支援の方法を丁寧に調整しましょう。

　例えば、スプーンの持ち方は、子どもの発達に応じて、上手持ち→下手持ち→鉛筆持ちの順に変化します。鉛筆持ちが安定してできるようになるには、子どもが指先の感覚を認識でき、微細運動も発達していることが大切です。それだけでなく、各家庭での取り組み状況によっても異なります。最初に立てた計

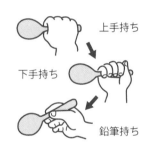

画通りに無理に進めようとせず、子どもの様子をよく観察して定期的に計画を見直し、支援の方法をその都度、検討しながら柔軟に進めることが大切です。

# 3 「計画力」実践トレーニング

**ワーク** 計画書を作成してみよう！

いま自分自身が「やらなければいけないこと」について、計画書を作成してみましょう。議事録の作成などの事務、行事の装飾やピアノの練習なども、計画書を作成して進めると効果的です。

**表11** 計画書作成のポイント

① 目的と期限は明確になっていますか
② 期限まで、無理のないスケジュールになっていますか
③ チェックポイント（見直すタイミング）は設定していますか

今回は１つの仕事について計画書を作成しましたが、実際は、同時並行で複数の業務を進めていくことになります。忙しいからこそ、仕事においては常に計画を意識することが大切です。計画力を身につけて、時間を効率よく使えるようになりましょう。

## 新人保育者に求められる「計画力」のまとめ

計画力を身につけて仕事をスムーズに進めるためには、PDCAサイクルが役に立ちます。PDCAサイクルを有効活用するためのポイントは次の通りです。
① 計画を立てるための時間をつくりましょう。
② 目的と期限を確認しましょう。
③ 途中で何度も計画を見直しましょう。

**表12** 計画書テンプレート

| 題 名 | | 期 限 | |
|---|---|---|---|
| 目 的 | | その他 補足 | |

| 日 付 | やること | 備 考 |
|---|---|---|
| / | | |
| / | | |
| / | | |
| / | | |
| / | | |
| / | | |
| / | | |

考え抜く力

第 **13** 章

# 新しい価値を生み出す 創造力

# ① 保育者に必要な「創造力」とは

「社会人基礎力」において、創造力は「新しい価値を生み出す力」と定義されています。新しい価値をつくるということは、新しい社会をつくることにつながります。これは、これからの時代を生きるすべての人に必要とされる力です。そして12の社会人基礎力のなかで、**新人に最も期待されている力**でもあります。

同じことを変わらず続けていると、10年後には時代遅れになってしまいます。とりわけ保育は、20年後、30年後に活躍する人材を育てる仕事です。ほかの仕事よりも、未来を見据えた取り組みが求められます。誰かが決めたことをただ実行するだけではなく、いま、目の前にいる子どもたちにとっての「最善」を考えて行動していくことが大切です。この積み重ねが、よりよい保育、よりよい未来を創造していくことにつながります。

したがって新人保育者には、**自分なりの疑問や考えをもちながら、多くの経験をすること**が求められます。疑問に思うことがあれば、それを言葉にして伝えてほしいと先輩や上司は思っているでしょう。会議でも、新人の発言は大いに期待されています。自分が感じたことや考えたことを大切にしながら、積極的にコミュニケーションをとっていきましょう。

ここでは、創造力を発揮して、みなさんがこれから保育者として成長していくために必要な2つの力、「自己効力感」と「表現力」について解説します。

# 2 「創造力」を身につける方法

## 1 自己効力感を高める

新しい価値を生み出す、創造するということは、前例のないことに挑戦していくことでもあります。新しいことや未知のものに対する不安は、誰もが抱くものですが、その不安に打ち勝って行動し続けるモチベーションになるのが、「自分には現状を変える力がある」と信じることです。これが「自己効力感」です。**創造力を鍛えるためには、まず自己効力感を高めることが大切**です。

では、自己効力感は、どのように身につけたらよいのでしょうか。自己効力感を高める方法については、これまで多くの研究がなされています。ここでは、仕事において実践できる2つの方法を紹介します。

### ① うまくいったことを振り返る

仕事でうまくいったことがあったとき、「うまくいった要因は何か」「**次にもっとよくするには、どのような工夫ができるか**」という振り返りを行います。「課題発見力」（第11章）でも振り返りの方法を紹介していますが、このときは課題を発見するために「うまくいかなかったこと」に着目しました。ここでは、成功したこと、うまくいったことに着目します。成功要因を確認し、さらによくする方法を考えることで、次もうまくやれるという自信が増し、モチベーションも高まります。

### ② うまくできている人・成功した人のやり方を観察する

他人の成功体験を観察することから、「代理体験」や「観察学習」と呼ばれる方法です。先輩や同僚など、身近な人のうまくできている様子を見

ることで、「自分もできるかもしれない」という感覚をもてるようになります。

　この２点を意識しながら、小さなことから成功体験を積み重ね、自己効力感を高めていきましょう。

　自己効力感の反対は、「無力感」です。無力感が強くなると、「どうせ無理だ」「どんなに頑張っても無駄だ」「何も変わらない」という思考に陥り、モチベーションが低下し、挑戦もできず、仕事の質は低下していきます。

　新人が組織の意思決定に直接かかわることは、なかなかできません。そのため、自分が理想とする保育の実現がとても遠い道のりに思われることもあります。しかし、これは組織で働く人なら誰もが経験することです。いま自分がすべき仕事を着実に実行し、できたことを振り返り、成功している先輩たちを見てスキルを吸収していくことで、少しずつ自己効力感を高めていくことができます。それが、新しいことをやってみようというモチベーションにつながり、自分の理想を実現する一歩になるのです。

## 2 表現力を磨く

　創造力を高めるために必要な力の２つ目は、「表現力」を磨くことです。**自分が考えたことを自分なりの方法で表現する力を磨く**ことが、創造力につながります。

　表現の方法は様々です。保育のなかでは、工作、絵、音楽、演劇など多くの手法がありますが、保育者として最も大切にしたいのは、言葉を使って自分の考えや気持ちを伝える方法です。仕事においては、子どもに対する声かけだけでなく、連絡帳を書くときや自分の考えを先輩や保護者に伝えるときなど、あらゆる場面で言葉を使います。それぞれの場面で目的は

異なりますが、「相手にわかりやすく伝える」ということは共通です。

　ここでは、クラスの保護者会で保育の様子を保護者に伝える場面を例に、相手にわかりやすく伝える（表現する）プレゼンテーションの方法について解説します。

## ① はじめに全体像を伝え、次に細部を伝える

　構成としては、はじめに、これから話すことの「大きな枠組み」を伝えます。そうすることで、話を聞く人はこれから話されることについて心構えをもつことができ、「聞く態勢」が整います。

> **例**
>
> 　今日は、お忙しいなかお集まりいただきありがとうございます。この時間は、担任の私から、４月からこれまでのクラスの様子と、いま子どもたちが目標としていることについてお話しします。このクラスはとても元気のよいクラスです。４月当初から、毎日のように「今日はあれがしたい！」と、自分からやりたいことをたくさん伝えてくれていました。現在、クラスの目標としているのは……

## ② ５Ｗ１Ｈを意識し、具体的なエピソードを交えて説明する

　５Ｗ１Ｈについては、「発信力」（第２章）と「傾聴力」（第３章）でも解説した通り、「いつ（When）」「どこで（Where）」「誰が（Who）」「何を（What）」「なぜ（Why）」「どのように（How）」の６つの項目を意識して伝えることで、聞き手は話の内容を具体的にイメージしやすくなります。また、この５Ｗ１Ｈに加えて、「一生懸命に」「楽しそうに」など、様子を表す言葉を加えると、そのときの情景がより生き生きと伝わります。

考え抜く力

第13章　新しい価値を生み出す【創造力】

　最近は子どもたちの間で鉄棒がブームになっています。先日も、1人が鉄棒を始めたら、どんどん集まってきて、次々に逆上がりの練習を始めました。みんな一生懸命に練習をしています。できるお友だちを見ると刺激を受けるようで、なかには家で練習したという子どももいました。

## ③ 相手に行動してもらえるような伝え方を意識する

　プレゼンテーションの目的には、伝えた後に聞き手の行動を促すことも含まれます。園での様子を伝えた後に、園の方針への理解や運営への協力のお願いなどを具体的にわかりやすく提示すると、保護者も行動しやすくなります。

　いま、子どもたちは、自分で決めた「運動会の目標」に向かって練習をしています。ご家庭でも話題にして、チャレンジしている様子をぜひ応援してください。

## ④ 絵や写真など、視覚情報も取り入れる

　言葉以外にも絵や写真、動画などを併用すると、よりわかりやすく、伝わりやすくなります。

子どもたちに身につけてほしい「生徒エージェンシー」

新しいことに挑戦し、変化をもたらし、よりよい未来を創造するために必要な力とは、どのようなものでしょうか。

OECD（経済協力開発機構）は、子どもたちに求められるコンピテンシー（職務や役割を果たす行動特性）と、その育成方法などについて検討する国際的なプロジェクト「Education2030プロジェクト」を進めています。2019年に発表された「ラーニング・コンパス（学びの羅針盤）」のなかで、「生徒エージェンシー」という概念が提唱されています。これは**「変化を起こすために目標を設定し、振り返りながら責任ある行動をとる能力」**と定義されています。この言葉には、本書で述べてきた「主体性」「働きかけ力」「計画力」「実行力」「課題発見力」なども含まれています。このプロジェクトは現在進行中で、さらに深い検討が進んでいます。「生徒エージェンシー」は、これからの教育のキーワードの1つです。

# 3 「創造力」実践トレーニング

みなさんが子どもにかかわる仕事をするうえで、大切にしたいものは何でしょうか。これは「保育観」に通じるものです。この保育観は、みなさんのこれまでの経験から培われています。

そこで、自分の子ども時代の楽しかった遊びを思い出し、その様子をわかりやすく伝える練習をしてみましょう。子どもの頃に夢中になった遊びや楽しかった思い出は、どのようなものでしょうか。絵や写真などの視覚情報と言葉を用いて、読み手に伝わるように表現してみましょう。

　あなたは子どもの頃、どのような遊びをしましたか。楽しかった遊びの思い出を絵日記で表現してみましょう。読み手に遊びの様子が伝わるように、5W1Hを意識して、具体的にどのように遊んだのかを生き生きと表現してみましょう。

　子ども時代に自分がどのような遊びをしてきたか、生き生きと伝えることはできましたか。この経験が、一人ひとりの保育観のもとになっています。そしてそれが、人生で大事にしたいことにもつながっています。

## 新人保育者に求められる「創造力」のまとめ

　創造力は、未来をつくる保育の仕事において必要不可欠な力であり、新人に最も期待される力です。創造力は、自己効力感と表現力の2つを高めることで、身についてきます。園の一員として、子どものための保育を創造していく保育者をめざし、自分の理想とする保育の実現につなげていきましょう。

**表13** 絵日記テンプレート

＜絵＞

歳頃　　季節：　　　天気：

# 自然と保育

　満ち足りた子ども時代の記憶は、生涯にわたって生きる力の源となり、支えとなるものです。とりわけ幼少期に自然とかかわることは、身体や感覚を鍛えるだけではなく、発想力や創造力をはじめとする**非認知能力**（知能や学力以外の能力）を伸ばすことにもつながっています。

　雨が降り、風が吹き、花が咲いて、トンボやチョウが飛ぶことでさえ、子どもにとっては不思議な体験です。自然は、子どもたちに実に多様な経験を提供してくれます。自然の出来事に感動することで、子どもたちはセンス・オブ・ワンダー（神秘さや不思議さに目を見張る感性）を身につけます。また、自然のなかで共に過ごすだけで、子どもたちは仲よくなります。それがどのようにして起こるのかはよくわかってはいませんが、そのような満ち足りた経験の記憶が原風景となって、その人の一生を支えてくれるのだと思います。

　人工的につくられた都市で、歩道にブロックが置いてあって、それにつまずくと人は「誰がこんなところに置いたんだ」と腹を立てるのに、自然のなかの山道で木の根っこにつまずいても、人は腹を立てずに自分の不注意だったと考えます。自然には、不思議な力が宿っているようです。

　子どもが自然のなかで遊ぶことは、テレビゲームが普及する1980年代以前では当たり前のことでした。都市部であれば空き地や路地裏で、田舎であれば里山で、異年齢の子どもたちが群がって遊ぶ光景がどこでも見られました。ところが、都市化による地域の子育て機能の衰退や核家族化、テレビゲームやインターネットの普及に伴って、子どもたちは外で遊ぶことが減り、室内で、しかも同年齢の子どもだけで遊ぶことが増えてきました。そして、子どもと自然とのかかわりも少なくなってしまったのです。

　このことは、子どもの発達にも大きく影響するようで、落ち着きがなく、忍耐力に乏しく、すぐにかんしゃくを起こして友だちとうまく遊べない子どもが増えた原因は、子どもと自然とのかかわりが少なくなってしま

ったことによるのではないかと考えるようになりました。これは、**自然欠乏症**として話題になっています。

　このような傾向は、日本だけでなくほかの先進国でも同じようにみられ、子どもと自然とのかかわりを取り戻そうとする運動が進められるようになりました。ドイツや北欧で展開されている「森のようちえん」（3〜5歳児が一日中森のなかで過ごす活動）も、その1つです。

　ほとんどの時間を園で過ごす子どもたちの豊かな体験のために、自然体験活動を積極的に取り入れる保育や幼児教育が注目されています。「自然保育」を実践するには、まずは保育者自身が自然のなかで過ごすことを楽しいと感じられる経験が必要です。自然は、子どもだけでなく大人にも、創造力や回復力など多くの生きる力を与えてくれます。もう一度、自然とのかかわりの大切さについて考えてみてはいかがでしょうか。

（圓藤弘典）

第 **14** 章

# 保育者としての
# キャリアデザイン

# ❶ 保育者としてのキャリアデザイン

## 1 キャリアとキャリアデザイン

● ● ● ● ● ● ● ● ● ● ● ● ● ● ● ● ● ● ● ● ● ● ● ● ● ● ● ● ● ● ● ● ● ● ● ● ● ● ●

　ここでは、みなさんが「社会人基礎力」を身につけた後も続く職業人生を、主体的に歩んでいくための考え方を紹介します。「キャリア」とは、**仕事とそれ以外のすべてを含む人生全体**を意味する言葉です。そして「キャリアデザイン」とは、**仕事だけでなく、私生活も含めた自分の人生の理想の姿を思い描くこと**です。

　子どもにかかわる仕事に就くことを目標として勉強に励み、就職して働き始めたら、実はその先に、いくつもの枝分かれした道があることに気づきます。どの道を選び、どのように歩んでいくかは、自分で決めなければなりません。自分はこれからどのような保育者になりたいのか、どのようなことをしたいのかを、この章のワークを使って考えてみましょう。

## 2 専門分野の追求とキャリアパス

● ● ● ● ● ● ● ● ● ● ● ● ● ● ● ● ● ● ● ● ● ● ● ● ● ● ● ● ● ● ● ● ● ● ● ● ● ● ●

　乳児保育、障害児保育、保護者支援、食育、発達心理、運動、安全など、保育の仕事には多くの専門分野があります。それぞれ高い専門性が求められる分野であり、学ぶ方法も数多くあります。仕事をしながら多くの経験を重ね、出会った人から影響を受けて、道は拓かれていきます。自分が興味のある分野を見つけ、積極的に学ぶ姿勢をもち続けられることを願います。

　一方、組織において使われる「キャリアパス」という言葉は、その組織のなかで責任ある役職に就くための道筋を指します。通常、1つの組織に長く勤めていると、スキルが身につき仕事の幅が広がり、取りまとめや指

導をするなど、責任ある立場へとキャリアアップしていきます。厚生労働省が示す保育者のキャリアパスは、おおむね図10のようになっています。キャリアアップのために、多くの研修があります。

　組織内でのキャリアを築いていく際のポイントは、どのようなポジションについたとしても、**そこで何かを得ようという前向きな姿勢をもち、主体的に行動し続けること**です。そうすることで仲間からの信頼を得ることができ、仕事において自分が自由に動ける幅（裁量）が広がり、仕事がしやすく、楽しくなっていきます。

　人によって、また、人生のステージによって、仕事に重きを置く時期もあれば、仕事以外が中心となる時期もあります。ほかの職種ではブランクといわれる子育ての期間も、保育の仕事では自分のキャリアとなります。つまり、人（子ども）を育てるという保育の仕事においては、生活のなかで起こるすべてのことが仕事につながるのです。どのような道を選択するとしても、他人と比べるのではなく、自分が思い描く自分だけのキャリアをイメージしながら歩むことが大切です。

**図10**　**保育者のキャリアパス**

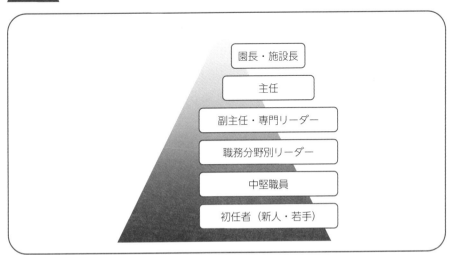

園長・施設長

主任

副主任・専門リーダー

職務分野別リーダー

中堅職員

初任者（新人・若手）

# ② 自分らしいキャリアをデザインする

　自分らしいキャリアを築いている人は、自分の人生に対する満足度が高くなります。満足しているというのは、物質的に豊かであるということに限りません。人間関係や心地よい居場所があることなども、人生における満足感に影響します。

　自分らしいキャリアを築いている人の特徴は、次の2つです。

> ① 自己理解（自分の価値観や得意なことなど、自分自身についての深い理解）をしている
> ② あきらめずに努力し続けている

　自分らしいキャリアを築くためには、まず、①の自己理解を深めることが大切です。ワーク1〜3を活用して自分自身と向き合い、これからの自分のキャリアをデザインしてみましょう。

## ワーク1　自分の価値観を知ろう

①次の言葉のなかから、気になる言葉を最大10個選んでみましょう。
　このなかになければ、空欄に自分で記入しましょう。

| 成長 | 美 | 権威 | 家族 | 笑い | 希望 | 富 | 誠実 | 最高 | |
|---|---|---|---|---|---|---|---|---|---|
| 進化 | 楽しさ | 影響 | 健康 | 信頼 | 真実 | 豊かさ | 活力 | 自由 | |
| 達成 | 正義 | 責任 | 変化 | 協調 | 協働 | 思いやり | 共感 | 素直さ | |
| 創造 | 親密 | 秩序 | 慈愛 | 自尊 | 礼節 | 安心 | 健全 | 調和 | |
| 情熱 | 安定 | 名声 | 貢献 | 勤勉 | 尊敬 | 喜び | 学び | 好奇心 | |
| 挑戦 | 快適 | 自律 | 自立 | 愛 | 慎み | 平和 | 公正 | ワクワク | |

②あなたが大切にしたいものは何ですか。大切にしたい価値観を、①
　で選んだ言葉のなかから順に3つまで選び、その理由を書きましょ
　う。

| 1）いちばん大切にしたい価値観とその理由 |
| --- |
| |
| 2）2番目に大切にしたい価値観とその理由 |
| |
| 3）3番目に大切にしたい価値観とその理由 |
| |

**ワーク2** 自分自身について知ろう

①あなたは、なぜ保育の道を志したのでしょうか。過去の自分を思い
　出して、理由を書きましょう。



③あなたの強み・好きなこと・得意なことは何ですか。できるだけた
くさん書き出してみましょう。
　（ピアノ、小物づくり、人見知りしない　など）

## ワーク3　未来をイメージしよう

① ワーク1と2をふまえて、自分が理想とする保育者のイメージを言葉にしてみましょう。例えば、項目の例を参考に、3年後の自分の理想の姿を思い描いて、具体的に書いてみましょう。

<項目の例>

- ●仕事をしている自分はどのような姿ですか
- ●どのような表情で、どのような保育をしていますか
- ●子どもたち、同僚、先輩はどのようにあなたに接していますか
- ●仕事以外では何をしていますか
- ●休みの日は何をしていますか　など

<理想の未来のイメージ>

自分の理想のキャリアが明確になったら、そこに向かってあきらめず努力を続けることが大切です。小さなことでも毎日行動し続けることで、自分らしいキャリアが築かれていきます。

　仕事を続けるなかでは、壁にぶつかることもあります。そのようなときでも、迷いながらも行動し続けることで、いつのまにか壁を乗り越え、何年か後に振り返ると、自分が歩んできた確かな道ができていることに気づきます。

　社会人基礎力を身につけることは、社会人としてのキャリアのスタートラインに立つことです。ここから保育者としてのキャリアが始まります。一人ひとりが異なる、自分らしい保育者としてのキャリアを、これから築いていってください。

著者

谷口真紀（たにぐち　まき）

一般社団法人キャリアヘルス研究所代表理事
保育士、公認心理師、国家資格キャリアコンサルタント、
キャリアコンサルティング2級技能士

徳島県出身。東京大学大学院工学系研究科修了。
電機メーカーで開発・設計エンジニアとして8年勤務。出産・育児休職
からの職場復帰の際、保活およびワーク・ライフ・バランスの難題に直
面しキャリアチェンジを行う。大学の就職支援課キャリアサポート室、
若年者の就労支援施設での勤務を経て、現在は、保育者向け各種研修、
園内研修や1on1面談を通した保育所・幼稚園・認定こども園の人材コ
ンサルティング事業を行っている。


コラム執筆
圓藤弘典（えんどう　こうでん）
社会福祉法人清水福祉会清水こども園園長

協力
千葉県保育協議会

自信がもてる、成長できる！
# 新人保育者が身につけたい社会人基礎スキル

2023年7月20日　発行

著　　　者　谷口真紀
発 行 者　荘村明彦
発 行 所　中央法規出版株式会社
　　　　　　〒110-0016　東京都台東区台東3-29-1　中央法規ビル
　　　　　　TEL 03-6387-3196
　　　　　　https://www.chuohoki.co.jp/

本文・装丁デザイン　澤田かおり（トシキ・ファーブル）
イラスト　　　　　　藤田侑巳
印刷・製本　　　　　サンメッセ株式会社